心を強くする!
ビジュアル伝記

ガンディーのことばと人生

監修 竹中千春

ポプラ社

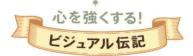

ガンディーのことば

✷ガンディーのプロフィール

ガンディー　生年月日 1869年10月2日(1948年1月30日没《ぼつ》)

本名はモーハンダース・カラムチャンド・ガンディー。インドに生まれ、イギリスで法律《ほうりつ》を学ぶ。南アフリカで人種差別《じんしゅさべつ》を受けて非暴力《ひぼうりょく》の市民《しみん》不《ふ》服従《ふくじゅう》運動を開始。インド独立《どくりつ》運動の中心となり、民衆《みんしゅう》を導《みちび》いた。

「わたしが考える民主主義《みんしゅしゅぎ》とは、もっとも弱い者が、もっとも強い者と同じ機会《きかい》を持つことができるものである。」

28

「力は、腕力《わんりょく》からではなく、不屈《ふくつ》の意志《いし》から生まれます。」

32

「たとえ1人になろうと、全世界に立ち向かえ。」

33

「他人を助けるためには、まず自分自身を救《すく》わなくてはならないのだ。」

35

「非暴力《ひぼうりょく》は、臆病者《おくびょうもの》の盾《たて》として使用されてはならない。それは強き者の武器《ぶき》である。」

38

「おだやかなやりかたでも、きみは世界をゆるがすことができる。」

42

よいものはカタツムリのように進むのです。

47

人間を信《しん》じよう。人間というものは大海のようだ。
数滴《すうてき》の海水がよごれても、大海全体がよごれてしまうことはない。

50

この世界で本当の平和とは何かを教えようとするなら、
そして本当に戦争《せんそう》への戦《たたか》いをおこなうなら、
まず子どもたちとともに着手しよう。

55

さまざまな宗教《しゅうきょう》は同じ場所に到達《とうたつ》する別々《べつべつ》の道です。
同じ目標《もくひょう》に到達《とうたつ》できるのであれば、
どんな道を通ろうとも、なんの問題があるでしょうか。

58

「暗殺者《あんさつしゃ》の銃弾《じゅうだん》が、わたしの命を終わらせるかもしれない。わたしはそれを歓迎《かんげい》したい。だが、わたしは最後《さいご》の息を引き取りながら、自分の義務《ぎむ》をはたして消えていきたいのだ。」 59

「My life is my message.
（わたしの人生そのものが、わたしのメッセージです）」 60

ガンディーの人生

1869年（生年）

資料編《しりょうへん》

この本の使い方

この本は、前からでも後ろからでも
読むことができます。

前の方では、ガンディーのことばから生きかたを知り、生《お》い立ちもわかるようになっています。後ろの方では、ガンディーが生きた時代や、かかわった人など、ガンディーのことをいろいろな面から知ることができます。好《す》きな方から読んでみてください。

この本の内容《ないよう》について

- 掲載《けいさい》している「ことば」は、ガンディーの著作《ちょさく》や記事、演説《えんぜつ》などで本人が語ったことばなどから紹介《しょうかい》しています（文章の一部を抜粋《ばっすい》している場合もあります）。
- 地名は、できる限《かぎ》り現地《げんち》の発音に近い表記を採用《さいよう》し、当時の英語《えいご》読みを（　）で示《しめ》しました（インドの地名には、イギリスの植民地《しょくみんち》時代につけられた名称《めいしょう》が数多くありますが、1990年代から現地語《げんちご》風の名称《めいしょう》にもどす動きがさかんになっています）。
- 掲載《けいさい》している「ことば」は、その前後のエピソードの時代と必《かなら》ずしも一致《いっち》していません。
- 紹介《しょうかい》しているエピソード、人物名の表記あるいは生没年《せいぼつねん》などには、諸説《しょせつ》ある場合がありますが、参考文献《さんこうぶんけん》等にもとづき紹介《しょうかい》しています。
- 絵は、ことばや背景《はいけい》の理解《りかい》を助けるためのイメージです。人生の細部にわたって資《し》料《りょう》がのこっているケースは少なく、想像《そうぞう》で補《おぎな》って形にしています。

未来《みらい》は、
きみが今日何をするかに
かかっているのだ。

正しいと信《しん》じていることは、行動に移《うつ》しましょう。すべては、行動することからはじまります。ガンディーは「行動そのものが重要《じゅうよう》だ」と考えました。一つひとつの行動のつみ重ねが、あなたという人間をつくります。だから、今日何をするかがあなたの未来《みらい》となるのです。

エピソード 1

インドのグジャラート地方の港町で藩《はん》王国の宰相《さいしょう》の家に生まれる

17世紀《せいき》からイギリスが進出して植民地《しょくみんち》となったインドを、暴力《ぼうりょく》を使わずに独立《どくりつ》へと導《みちび》いたガンディーは、「インド独立《どくりつ》の父」として知られています。ガンディーの本名はモーハンダース・カラムチャンド・ガンディー。１８６９年10月2日、インド北西部グジャラート地方のポルバンダルという港町で、４人兄弟の末《すえ》っ子として生まれました。

父カラムチャンドは藩《はん》王国の宰相《さいしょう》（土地の王に仕える大臣《だいじん》のような人）でしたが、ガンディーが7歳《さい》のとき、一家は内陸《ないりく》のラージコートに引っこします。正義感《せいぎかん》が強く誠実《せいじつ》な父は人々《ひとびと》に敬《うやま》われ、ガンディーも尊《そん》敬《けい》していました。母プトリバーイはつつましいヒンドゥー教徒《きょうと》で、日々《ひび》の祈《いの》りを欠《か》かさず、心身を清《きよ》めるとされる断食《だんじき》（食事をしないこと）も毎週おこないました。ヒンドゥー教は、シヴァ神やビシュヌ神など複数《ふくすう》の神様を同時に信仰《しんこう》する多神教で、神聖視《しんせいし》している牛はもちろん、動物の肉を口にしない人が多くいます。当時のインドはヒンドゥー教徒《きょうと》が3分の2で、のこりの多くはイスラム教徒《きょうと》でした。アラビア半島で生まれたイスラム教はただひとつの神（アッラー）を信《しん》じ、聖典《せいてん》クルアーン（コーラン）にしたがい、豚《ぶた》を食べません。両親は、イスラム教やキリスト教など、ことなる宗教《しゅうきょう》を信《しん》じる人々《ひとびと》にも敬意《けいい》を持って接《せっ》し、ガンディーもおおらかな環境《かんきょう》のもとで育ちました。

一家は商人カーストのよい家柄《いえがら》に属《ぞく》し、くらしはめぐまれていました。カーストとは古くからインド社会に根付《ねづ》いていた身分制度《せいど》で、結婚《けっこん》や職《しょく》業《ぎょう》、食事などもカーストによって細かく制限《せいげん》されていました。

ガンディーのことば

真理とは
みずからの内なる声である。

真理とは、どんなときにも、だれにとっても、変《か》わることのない正しさです。わたしたちはつい、自分以外《いがい》のところに真理を求《もと》めようとします。そうではなくて、自分の心の中の声に静《しず》かに耳をかたむけることで、何が本当に正しいかが明らかになるのです。

エピソード 2

13歳《さい》でカストゥルバと結婚《けっこん》。父の死、長男ハリラールの誕生《たんじょう》

1881年、ガンディーはイギリス式の学校に入学し、英語《えいご》による教育を受けます。ヒンドゥー教の教えを固《かた》く守る家で育ったガンディーでしたが、学校の友人に強くすすめられて、イギリス人のように強くなろうと肉を食べようとしたり、たばこを吸《す》うために家の召使《めしつか》いのお金をぬ

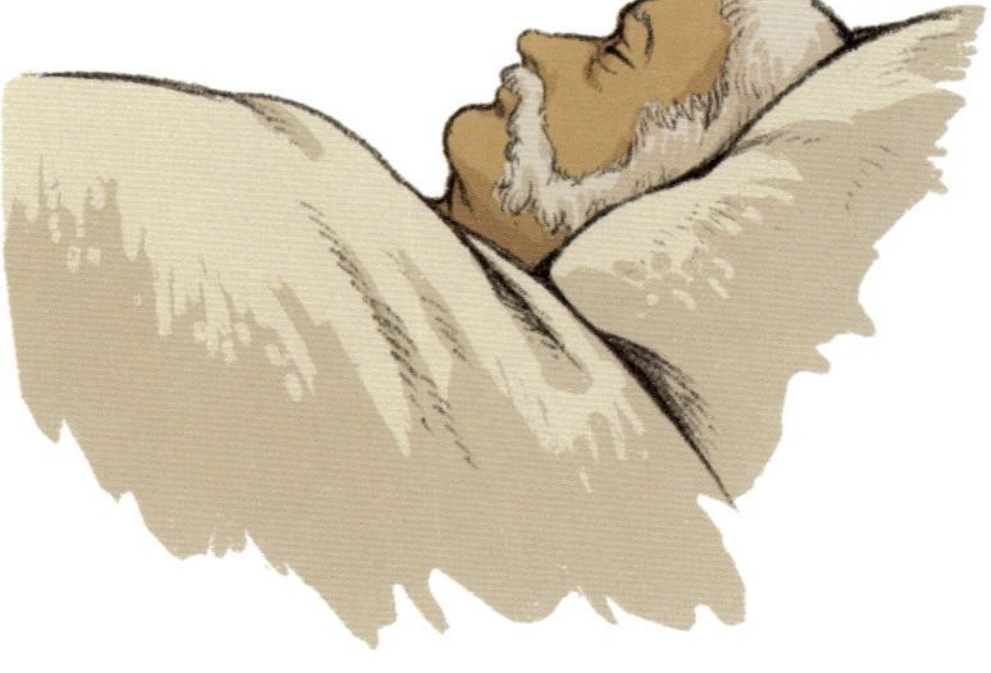

すんだりしたこともありました。けれども、ガンディーはそのたびになやみ、深く反省《はんせい》し、父にも謝罪《しゃざい》しておこないを改《あらた》めました。

そんな少年ガンディーは、間もなく大人の仲間《なかま》入りをします。「幼児《ようじ》婚《こん》」というインドの風習により、わずか13歳《さい》で同じ歳《とし》の少女カストゥルバと結婚《けっこん》したのです。当時のインドでは当たり前のことでしたが、学業と結婚《けっこん》生活の両立に、ガンディーはおおいになやんだといいます。

16歳《さい》のとき、父が病気で寝《ね》たきりになりました。ガンディーは、学校が終わると急いで家にもどり、母たちと懸命《けんめい》に看病《かんびょう》をつづけました。しかしあるとき、妻《つま》といっしょにいたくて、叔父《おじ》に看病《かんびょう》をかわってもらった直後に、父は息を引き取ってしまいます。ひとときの欲望《よくぼう》に負けて父の死に目に会えなかったことを、ガンディーはとても後悔《こうかい》しました。

それでも、学校で優秀《ゆうしゅう》な成績《せいせき》をおさめていたガンディー。地元の名門大学に入学しますが、暗記式の授業《じゅぎょう》についていけず、知り合いにイギリスへの留学《りゅうがく》をすすめられます。妻《つま》と生後数か月の長男ハリラールをのこして、ガンディーがイギリス行きの船に乗りこんだのは１８８８年9月。間もなく19歳《さい》になろうとするころでした。

GANDHI MESSAGE

ガンディーのことば

どのようなことにしろ
知識《ちしき》を身につけるために
まず必要《ひつよう》なのは、
根気よく質問《しつもん》することと、
健全《けんぜん》な知識欲《ちしきよく》を持つことです。

わからないことに対して「なぜだろう」「知りたい」と思うことが、学ぶことの出発点です。その気持ちを大切にして、疑問《ぎもん》に思ったら何でも質問《しつもん》してみましょう。一度でわからなければ、わかるまで質問《しつもん》しましょう。そうすることで、ものごとを理解《りかい》する力がつくのです。

エピソード3

ロンドンで法律《ほうりつ》を学ぶ。『バガヴァッド・ギーター』にふれる

ガンディーがイギリスに留学《りゅうがく》したのは、弁護士《べんごし》になるためでした。ロンドンに到着《とうちゃく》すると法律《ほうりつ》学校に入りますが、それではものたりず、名門のロンドン大学に挑戦《ちょうせん》。2度目の受験《じゅけん》で合格《ごうかく》し、法律《ほうりつ》を学ぶ日々《ひび》がはじまります。当時のガンディーはイギリス人にあこがれ、いつもイギリス製《せい》のスーツを着ていました。ところが、ロンドンで進歩的《しんぽてき》な人たちと交

流し、母国の社会や宗教《しゅうきょう》について質問《しつもん》されるうちに、自身のルーツであるインドの文化や慣習《かんしゅう》、宗教《しゅうきょう》などの価値《かち》に目を向けるようになります。

インドを出るとき、「肉や酒をとらない」ことを母と約束《やくそく》したガンディーが、最初《さいしょ》に苦労《くろう》したのは食事でした。肉食が当たり前の国で、ようやく菜食主義《さいしょくしゅぎ》の食堂《しょくどう》を見つけます。菜食主義《さいしょくしゅぎ》とは、肉や魚をとらず、野菜《やさい》や豆類《まめるい》、穀物《こくもつ》などの植物性《しょくぶつせい》食品を食べることです。この食堂《しょくどう》で『菜《さい》食主義《しょくしゅぎ》のうったえ』という本に出会い、はじめて菜食主義《さいしょくしゅぎ》のすばらしさに気づいたガンディーは、菜食主義《さいしょくしゅぎ》を広める協会《きょうかい》にも入って活動しました。

ロンドン時代には、インドで生まれた宗教《しゅうきょう》についても学びました。ヒンドゥー教の古くからの聖典《せいてん》『バガヴァッド・ギーター』を読んだときは、その世界に深く心を動かされたといいます。また、キリスト教の聖《せい》書《しょ》を読むなど、さまざまな宗教《しゅうきょう》や神について考えるようになりました。

家族との約束《やくそく》通り、3年間のイギリス留学《りゅうがく》で弁護士《べんごし》の免許《めんきょ》を得《え》たとき、ガンディーはインド人としての自覚《じかく》と自信《じしん》を取りもどしていました。そして、故郷《こきょう》での活躍《かつやく》を夢見《ゆめみ》て、インドへ帰る船に乗りこんだのです。

ガンディーのことば

弱い人は
ゆるすことができない。
真に強い人こそが
ゆるしをあたえられる。

いやなことをされたとき、相手の人をゆるせるでしょうか。ゆるすために必要《ひつよう》なのは、相手のおこないや言い分を受け入れられる、自分自身の強さです。心が弱いときは、相手を受け入れられず、腹《はら》を立ててしまいがちです。怒《いか》りをおさえ、おだやかな心で人をゆるせるのは、真に心の強い人でしょう。

エピソード 4

仕事で南アフリカへ。列車の1等車から追い出され、人種差別《じんしゅさべつ》を経験《けいけん》

帰国してすぐ、ガンディーは母の死を知らされます。悲しみをこらえてはたらきはじめますが、仕事は思うようにいきません。そんなとき、インドと同じようにイギリスの植民地《しょくみんち》となり、多くのインド人移民《いみん》がはたらいていた南アフリカで、弁護士《べんごし》の仕事をたのまれます。23歳《さい》のガン

ディーは、ふたたび新天地をめざして南アフリカへと向かいました。
ところが、南アフリカで、生まれてはじめてひどい仕打ちを受けることとなります。それは人種差別《じんしゅさべつ》でした。ダーバン港から仕事で内陸《ないりく》の町に向かったときのことです。夜行列車の1等車に乗ったところ、ガンディーはヨーロッパ系《けい》の乗客に見とがめられました。肌《はだ》の色が黒かったからです。貨物車《かもつしゃ》に移《うつ》るよう鉄道員に命令《めいれい》されますが、1等車の切符《きっぷ》を持っていたため、断固《だんこ》としてことわりました。すると、今度は警察《けいさつ》があらわれ、荷物もろとも駅のホームに放り出されてしまったのです。
突然《とつぜん》いわれのない差別《さべつ》を受けて、暗く寒い駅に1人取りのこされたガンディー。一晩中《ひとばんじゅう》、自分の身に起こったことについて考えました。そして、自分に暴力《ぼうりょく》をふるった人たちを問いただすのではなく、社会がかかえる人種差別《じんしゅさべつ》そのものをなくさなければならないと決意します。
翌日《よくじつ》、目的地《もくてきち》に着くまでにも、さまざまな差別《さべつ》と暴力《ぼうりょく》にあいます。けれども、これらの体験《たいけん》をふくむ南アフリカに着いてからの15日間は「人生の中でもっとも創造的《そうぞうてき》」だったと、のちに語りました。このつらい経《けい》験《けん》を通し、1人の人間として重要《じゅうよう》な学びを得《え》たからです。

ガンディーのことば

暴力《ぼうりょく》の上に永続的《えいぞくてき》なものは築《きず》けないというのがわたしの固《かた》い信念《しんねん》です。

暴力《ぼうりょく》で人をしたがわせても、相手を傷《きず》つけて反発やうらみをかいます。反対に、おだやかな方法《ほうほう》で人の心を動かしたときこそ、その成果《せいか》は末永《すえなが》くささえられます。暴《ぼう》力《りょく》を使わずに人々《ひとびと》が平和にくらす社会を求《もと》めたガンディーの思想は、世界中で戦争《せんそう》や暴力《ぼうりょく》がやまない現代《げんだい》にも、当てはまるのではないでしょうか。

エピソード
5

ナタール・インド人会議派《かいぎは》の設立《せつりつ》。人種差別《じんしゅさべつ》をなくすために活動

当時の南アフリカを統治《とうち》していたのは、イギリス人とオランダ系移民《けいいみん》（ブーア人）です。一方で、インド人などのアジア系移民《けいいみん》がふえていたため、もとからいたアフリカ系《けい》の人々《ひとびと》もふくめて、有色人種《じんしゅ》はひどい差《さ》別《べつ》を受けていました。ガンディーのつとめる法律事務所《ほうりつじむしょ》にも、白人の雇《やと》

い主《ぬし》に暴力《ぼうりょく》を受けたインド人が、たびたび助けを求《もと》めてやってきました。

南アフリカでの仕事は１年間の予定でした。しかし、たのまれた仕事を終えたころ、ガンディーのくらすナタールという地域《ちいき》の議会《ぎかい》で、さらなる差別的《さべつてき》な法案《ほうあん》が持ち上がります。インド人をナタールから追い出し、さまざまな権利《けんり》をうばおうとするインド人排斥法案《はいせきほうあん》です。

ガンディーは帰国をのばし、ナタール議会《ぎかい》に法案《ほうあん》を受け入れないよううったえます。インド人を守るために、南アフリカでの弁護士資格《べんごししかく》も得《え》ました。さらに、ナタール・インド人会議派《かいぎは》という組織《そしき》を設立《せつりつ》します。この組織《そしき》では、ヒンドゥー教徒《きょうと》、イスラム教徒《きょうと》、キリスト教徒《きょうと》など、さまざまな宗教《しゅうきょう》の会員が約《やく》３００人も集まり、自分たちが守るべき権利《けんり》について話し合いました。やがて、ねばり強いうったえが聞き入れられ、ついにインド人排斥法案《はいせきほうあん》は取り下げられました。

その後も、ガンディーはインド人のために活動をつづけますが、差別《さべつ》をなくすための道のりに終わりは見えません。そこで、いったんインドに帰り、家族をつれてふたたび南アフリカにもどりました。南アフリカにわたってからわずか３年で、この地に腰《こし》をすえる決心をしたのです。

ガンディーのことば

わたしが考える民主主義《みんしゅしゅぎ》とは、もっとも弱い者が、もっとも強い者と同じ機会《きかい》を持つことができるものである。

立場の強い人と弱い人とで、聞き入れられる意見にちがいが出るようでは、本当の民主主義《みんしゅしゅぎ》とはいえません。どんなに立場が弱くても、だれに対しても意見を言えるのが民主主義《みんしゅしゅぎ》です。そのような民主主義《みんしゅしゅぎ》は、強い力で屈《くっ》せられることのない世界だからこそ実現《じつげん》できるのです。

エピソード 6

植民地《しょくみんち》のインド人の権利《けんり》を主張《しゅちょう》するため、市民不服従《しみんふふくじゅう》運動（サッティヤーグラハ）実施《じっし》

人種差別《じんしゅさべつ》は、人種《じんしゅ》や民族《みんぞく》、肌《はだ》の色がちがうだけで、人間としての権利《けんり》をうばってしまいます。しかし、南アフリカでガンディーをさらにおどろかせたのは、差別《さべつ》されている人たちが、それを受け入れていることでした。差別《さべつ》するのも、されるのも、当たり前になっていたのです。ガンディーはそれを、社会がかかえる「巨大《きょだい》な病《やまい》」と考えました。そして、

この病《やまい》をなくすためには、差別《さべつ》にしたがわなければいいと気づきます。そこで生まれたのが、市民不服従《しみんふふくじゅう》運動「サッティヤーグラハ」でした。
きっかけは、１９０６年に発表されたインド人移民《いみん》にかんする新たな法案《ほうあん》です。インド人を登録《とうろく》させ、きびしく取りしまるため「暗黒法《あんこくほう》」と呼《よ》ばれました。ガンディーがひらいた抗議《こうぎ》集会には、裕福《ゆうふく》な人々《ひとびと》だけでなく、貧《まず》しい労働者《ろうどうしゃ》も集まりました。そして、言語や宗教《しゅうきょう》、カーストのちがいを乗りこえた「わたしたちインド人」として、暴力《ぼうりょく》を使わず、差《さ》別的《べってき》な統治《とうち》にしたがわないと決めます。この非暴力《ひぼうりょく》と不服従《ふふくじゅう》の運動を、ガンディーは「真理と非暴力《ひぼうりょく》から生まれる力」という意味をこめ、「サッティヤーグラハ」と名づけました。
抵抗《ていこう》運動が大きなうねりとなったにもかかわらず、翌年《よくねん》、法案《ほうあん》は成立《せいりつ》してしまいます。役所での指紋登録《しもんとうろく》をこばんだガンディーと、賛同《さんどう》する多くのインド人たちは逮捕《たいほ》されました。１か月ほどで釈放《しゃくほう》されますが、さらに新しい移民法案《いみんほうあん》が提出《ていしゅつ》されます。ガンディーは法案《ほうあん》に抗議《こうぎ》して登《とう》録証《ろくしょう》を焼《や》いたり、許可《きょか》なくナタールからトランスヴァールという地域《ちいき》への境界線《きょうかいせん》をこえたり、大勢《おおぜい》の人々《ひとびと》とともに運動をつづけていきました。

力は、腕力《わんりょく》からではなく、不屈《ふくつ》の意志《いし》から生まれます。

力とは、肉体的《にくたいてき》な能力《のうりょく》だけをさすのではありません。「自分にはできる」という気持ちを、ねばり強く持ちつづけること。その思いが何ごともやりぬく力をやしないます。ガンディーに大きな力をあたえたのは、暴力《ぼうりょく》を使わず、差別《さべつ》にはしたがわないという強い信念《しんねん》でした。

ガンディーのことば

たとえ1人になろうと、
全世界に立ち向かえ。

自分が正しいと信《しん》じることがあれば、まわりに味方がおらず、たった1人になっても、堂々《どうどう》と声をあげることで人生を切りひらけるはずです。こわくても目をそらさずに、どんな小さなことでも全世界に立ち向かうつもりで、一歩をふみ出してみましょう。そうしているうちに、きっと仲間《なかま》の人々《ひとびと》が立ち上がってくるでしょう。

ガンディーのことば

他人を助けるためには、まず自分自身を救《すく》わなくてはならないのだ。

自分がこまっている状態《じょうたい》では、人を助けることはできません。まず自分自身がしっかりと自分の足で立てるようにならなければ、何もはじまりません。ガンディーが暴《ぼう》力《りょく》を用いずに差別《さべつ》をなくそうとしたのは、よりよい世界をつくり、人々《ひとびと》を幸せにするためです。だからこそ、まず自分のいるインドを救《すく》おうとしました。

エピソード 7

帰国、インド各地《かくち》を見てまわる。アーシュラム（道場）設立《せつりつ》

1914年、ガンディーはついに南アフリカで人種差別法《じんしゅさべつほう》の取り下げに成功《せいこう》します。はじめて南アフリカの地をふんでから21年もの月日がたっていました。45歳《さい》となったガンディーは、ようやくインドへの帰国をはたします。インドでもサッティヤーグラハによる反植民地《しょくみんち》運動を、と意気込《ご》みますが、政治指導者《せいじしどうしゃ》の先輩《せんぱい》クリシュナ・ゴーカレーとの約束《やくそく》

で、庶民《しょみん》と同じ3等列車で約《やく》1年かけて各地《かくち》を視察《しさつ》してまわります。インドの自治《じち》や独立《どくりつ》を求《もと》める政党《せいとう》、インド国民会議派《こくみんかいぎは》にも参加《さんか》しました。

そんな中、故郷《こきょう》グジャラートに、いくつもの家族と自給《じきゅう》自足で共同《きょうどう》生活を送るアーシュラム（道場）を建設《けんせつ》します。南アフリカで共同《きょうどう》農場を作って人々《ひとびと》と団結《だんけつ》し、サッティヤーグラハ運動を進めた経験《けいけん》があったからです。ここでは、カーストや宗教《しゅうきょう》に関係《かんけい》なく平等にくらすという決まりでした。ところが、近隣《きんりん》の人々《ひとびと》や家主との間で、カーストにもふくまれず、もっとも差別《さべつ》を受けていた人々《ひとびと》をめぐるトラブルが発生するなど、伝統的《でんとうてき》な社会にのこる差別《さべつ》の根深さを知ることとなりました。

ガンディーは農民《のうみん》運動の指導《しどう》にも乗り出します。それまで農民《のうみん》は政治《せいじ》とは無関係《むかんけい》とされていましたが、「700万の農村こそインドだ」と主張《しゅちょう》します。ビハール州のチャンパーランの藍《あい》農園では、過酷《かこく》な労働《ろうどう》にたえる何千人もの貧《まず》しい農民《のうみん》の声を聞いてまわり、政府《せいふ》に改善《かいぜん》をはたらきかけました。その結果《けっか》、農民《のうみん》をきびしく取り立てるイギリス人農園主のやりかたが変《か》えさせられ、人々《ひとびと》は飢《う》えから解放《かいほう》されました。このニュースがインド中に伝《つた》わり、民衆《みんしゅう》の間にガンディーの名声が広がりました。

ガンディーのことば

非暴力《ひぼうりょく》は、臆病者《おくびょうもの》の盾《たて》として使用されてはならない。それは強き者の武器《ぶき》である。

自分より強い相手と戦《たたか》うのは勇気《ゆうき》がいります。そんなとき、相手がこわくて何もしないことを「非暴力《ひぼうりょく》」とはいいません。非暴力《ひぼうりょく》とは、真理のために戦《たたか》う手段《しゅだん》です。どんな相手も恐《おそ》れない強い心を持っていなければ、暴力《ぼうりょく》を使わずに戦《たたか》うことはできません。

エピソード 8

反イギリス運動を弾圧《だんあつ》するローラット法《ほう》に抗議《こうぎ》。イギリス製品《せいひん》のボイコット

第一次世界大戦中《たいせんちゅう》、ガンディーは農民《のうみん》や労働者《ろうどうしゃ》を助ける地道な運動を進めていきました。インド政府《せいふ》はイギリスに協力《きょうりょく》して多額《たがく》の資金《しきん》を提《てい》供《きょう》し、多くのインド人が戦地《せんち》におもむきます。その見返りに、インドはそれまでより自治《じち》をあたえられるという期待が人々《ひとびと》の間に広がりました。

しかし、戦争《せんそう》が終わると、イギリス政府《せいふ》はその期待を裏切《うらぎ》ったのです。

１９１９年3月、無秩序革命犯罪法《むちつじょかくめいはんざいほう》、いわゆるローラット法《ほう》が制定《せいてい》されます。イギリスからの独立《どくりつ》を求《もと》めるインド人は無条件《むじょうけん》で逮捕《たいほ》できるなど、インド人をさらにしめつけるきびしい法律《ほうりつ》でした。ガンディーはすぐにイギリス政府《せいふ》に抗議文《こうぎぶん》を送ります。そして、警察《けいさつ》・役所・軍隊《ぐんたい》などの公職《こうしょく》につくインド人には、仕事を止めるといった「非協力《ひきょうりょく》」を、市民《しみん》には、暴力《ぼうりょく》を用いず差別的《さべつてき》な求《もと》めに応《おう》じない「不服従《ふふくじゅう》」を呼《よ》びかけます。「非協力《ひきょうりょく》と市民不服従《しみんふふくじゅう》は、どちらもサッティヤーグラハという名の樹木《じゅもく》の幹《みき》である」という信念《しんねん》からでした。けれども、政府《せいふ》は多くの人々《ひとびと》を逮捕《たいほ》し、インド北部のアムリトサル（アムリッツァー）では、軍《ぐん》の発砲《はっぽう》で１０００人以上《いじょう》が死傷《ししょう》するという悲劇《ひげき》が起こりました。

それでも翌年《よくねん》には、運動はインド全土にまで広がります。イギリス製《せい》の綿布《めんぷ》をボイコットして焼《や》きはらう「スワデーシ（自国品愛用《あいよう》）」運動がおこなわれ、公職《こうしょく》につく者には辞任《じにん》を、学生には退学《たいがく》を、農民《のうみん》には地代や地租《ちそ》の不払《ふばら》いを呼《よ》びかけました。運動は辛抱《しんぼう》強く、非暴力的《ひぼうりょくてき》につづけられましたが、１９２２年に民衆《みんしゅう》が警察署《けいさつしょ》に火をつける暴力《ぼうりょく》事件《じけん》が発生したため、ガンディーによって停止《ていし》されました。

おだやかなやりかたでも、きみは世界をゆるがすことができる。

あなたのことばやおこないが正しければ、その声がどんなに小さくても、人々《ひとびと》の心に少しずつひびいていくでしょう。大切なのはめだつことではなく、何が真実で、何が正しいかです。あなたの小さな声が、いつかは世界を変《か》える大きな力になるのです。

エピソード 9

チャルカ（紡《つむ》ぎ車《ぐるま》）の普及《ふきゅう》。カーディー（手《て》織《おり》綿布《めんぷ》）のみを身に着ける

ボイコットの一方で、ガンディーはインド製《せい》の衣服《いふく》を着ようと呼《よ》びかけ、「自分が着るものはすべて、自分たちの手で生産《せいさん》した布《ぬの》で作ること」という目標《もくひょう》をかかげます。つまり、地元の綿花《めんか》を使って自分で糸を紡《つむ》ぎ、その糸で布地《ぬのじ》を織《お》り、その布地《ぬのじ》で衣服《いふく》を作って着ようというのです。

19世紀《せいき》から、イギリスはアメリカなどから綿花《めんか》を輸入《ゆにゅう》し、自国の工場で機械製《きかいせい》の綿製品《めんせいひん》を大量《たいりょう》に作り、それをインドなどの植民地《しょくみんち》に輸出《ゆしゅつ》しました。この不公平《ふこうへい》な貿易《ぼうえき》はイギリスに繁栄《はんえい》をもたらしますが、反対に、インド社会は貧《まず》しくなりました。質《しつ》は悪いけれど安いイギリス製品《せいひん》がインド製《せい》の綿製品《めんせいひん》にとってかわり、何百万人も綿織物《めんおりもの》の職人《しょくにん》が餓死《がし》したといわれます。ガンディーが手紡《てつむ》ぎした糸と手織《てお》りの綿布《めんぷ》にこだわったのは、インドの織物業《おりものぎょう》をよみがえらせ、農村の貧困《ひんこん》をなくしたいとの思いからです。機械《きかい》を用いた大量生産《たいりょうせいさん》では、いくら安い製品《せいひん》を供給《きょうきゅう》しても、人々《ひとびと》から仕事をうばい、農村の貧《まず》しさを拡大《かくだい》させると信《しん》じました。

まずは、糸を紡《つむ》ぐ道具が必要《ひつよう》でした。ガンディーと仲間《なかま》たちは、古い糸紡《いとつむ》ぎ車《ぐるま》「チャルカ」を探《さが》し出し、使いかたを学びました。そして、みずから糸を紡《つむ》いで、布《ぬの》を織《お》り、生まれたのが真っ白なカーディー（手織《ており》綿布《めんぷ》）です。かつてイギリス製《せい》のスーツをまとっていたガンディーは、今や上半身はだかで、腰《こし》に1枚《まい》のカーディーをまいただけの質素《しっそ》なスタイルとなりました。この運動はインド全土に広まり、人々《ひとびと》は次々《つぎつぎ》とチャルカを回してカーディーで作った白い服を着るようになりました。

ガンディーのことば

よいものは
カタツムリのように
進むのです。

よいことや正しいことをしようと思ったら、あせってはいけません。こわすのはかんたんですが、作りあげるには時間がかかるものです。地に足をつけて、少しずつ進みましょう。ガンディーがおこなった「塩《しお》の行進」も、一歩ずつ歩いたからこそ多くの人の心を動かしました。

エピソード 10

インドの独立《どくりつ》を求《もと》めて「塩《しお》の行進」を開始、インド全土に広がる

チャルカの次に、ガンディーが注目したのは塩《しお》です。当時のイギリス政府《せいふ》は「インド塩税法《えんぜいほう》」を定め、塩《しお》を独占《どくせん》して作り、販売《はんばい》していました。自由に塩《しお》を作ることを禁《きん》じ、多額《たがく》の税《ぜい》を取り立てていたのです。海に行けば作れる塩《しお》を、なぜイギリスにお金をはらって買わなければならない

のか。ガンディーは、塩税法《えんぜいほう》こそが植民地《しょくみんち》支配《しはい》を象徴《しょうちょう》する悪法《あくほう》だと学びます。それを多くの人に伝《つた》え、インドの独立《どくりつ》を宣言《せんげん》するために、思いついたのが「塩《しお》の行進」でした。400km近い道のりを歩いて行進し、海岸に出て塩《しお》を作るという静《しず》かな抗議《こうぎ》運動です。計画を聞いたイギリス当局はあきれ、インド国民会議派《こくみんかいぎは》の政治家《せいじか》たちも、理解《りかい》に苦しんだといいます。しかし、民衆《みんしゅう》はちがいました。生きるのに欠《か》かせない栄養素《えいようそ》である塩《しお》は、人々《ひとびと》のくらしに直結《ちょっけつ》していたからです。

1930年3月12日、「塩《しお》の行進」はアフマダーバード（アーメダーバード）を79名で出発。さまざまな宗教《しゅうきょう》・身分の人たちが列を組んで進みます。60歳《さい》のガンディーは、行く先々《さきざき》で農民《のうみん》たちと対話を重ねながら炎天下《えんてんか》を歩きました。その姿《すがた》はインド全土に報道《ほうどう》され、民衆《みんしゅう》の共感《きょうかん》を呼《よ》びます。24日目、めざす海岸に到着《とうちゃく》したとき、行進は1万2000人にまでふえていました。「塩《しお》の行進」によって「スワラージ（自治《じち》・独《どく》立《りつ》）」を求《もと》める運動に膨大《ぼうだい》な数の人々《ひとびと》が参加《さんか》し、全国へと広がりました。「偉大《いだい》なる魂《たましい》」を意味する「マハートマ」と呼《よ》ばれたガンディーは、「国《こく》民《みん》の父」として敬《うやま》われ、世界中の人々《ひとびと》にも尊敬《そんけい》される存在《そんざい》となりました。

ガンディーのことば

人間を信《しん》じよう。
人間というものは
大海のようだ。
数滴《すうてき》の海水がよごれても、
大海全体がよごれて
しまうことはない。

ガンディーは、人はだれもが等しく尊《とうと》い存在《そんざい》だと考え、差別《さべつ》のない社会をめざしました。しかし、性別《せいべつ》、宗教《しゅうきょう》、民族《みんぞく》など、さまざまなちがいによる差別《さべつ》や争《あらそ》いは、今も世界中で起こっています。それでも、一人ひとりの人間性《せい》を信《しん》じて対話をつづけることが、平和な社会を作っていくはずだと、ガンディーは最後《さいご》まで信《しん》じていました。

エピソード
11

カースト差別撤廃《さべつてっぱい》の運動、イギリスに対する「インドを立ち去れ」運動を実施《じっし》

「塩《しお》の行進」の数年前、インド国民会議派《こくみんかいぎは》の議長《ぎちょう》だったガンディーは、インド初《はつ》の女性党員《じょせいとういん》サロージニー・ナーイドゥーを次の議長《ぎちょう》に推薦《すいせん》します。ガンディーは「わたしたちが非暴力《ひぼうりょく》の法《ほう》を守るなら、未来《みらい》は女性《じょせい》とともにある」と考え、男女を同等にあつかいました。家庭で使うチャルカや塩《しお》に注目したことで、独立《どくりつ》運動に女性《じょせい》の姿《すがた》がふえていきました。

　ガンディーは、宗教《しゅうきょう》、民族《みんぞく》、カースト、政治的《せいじてき》な考えかた、性別《せいべつ》などのちがいを乗りこえて、インドをひとつにまとめようとしていました。しかし、イギリス政府《せいふ》は1932年、カースト制度《せいど》にもふくまれずきびしい差別《さべつ》を受けてきた人々《ひとびと》の集団《しゅうだん》に、特別《とくべつ》の選挙区《せんきょく》をあたえる法案《ほうあん》を発表します。何度目かの逮捕《たいほ》で獄中《ごくちゅう》にいたガンディーは、抗議《こうぎ》の断食《だんじき》をはじめました。法案《ほうあん》はインドの分断《ぶんだん》を深めるという理由からです。ガンディーが餓死《がし》することを恐《おそ》れたイギリス政府《せいふ》は、選挙区《せんきょく》ではなく一定数の議席《ぎせき》数を割《わ》り当てる方式に提案《ていあん》を変更《へんこう》しました。翌年《よくねん》、ガンディーはさらなるカースト差別撤廃《さべつてっぱい》を求《もと》め、10か月かけて全国をまわりました。

　やがて第二次世界大戦《たいせん》がはじまり、イギリスがドイツや日本と戦《たたか》う事《じ》態《たい》にアジアも混乱《こんらん》をきたします。自由をかかげて戦《たたか》うイギリスなのに、なぜ植民地《しょくみんち》のインドを解放《かいほう》しないのか。そう主張《しゅちょう》しながら、ガンディーらは大々的《だいだいてき》に「インドを立ち去れ」運動をはじめました。運動の指導者《しどうしゃ》たちはすぐに逮捕《たいほ》され、ガンディーは妻《つま》カストゥルバとともに収監《しゅうかん》されます。しかし、運動ははげしさを増《ま》し、独立《どくりつ》への機運《きうん》が高まっていきました。

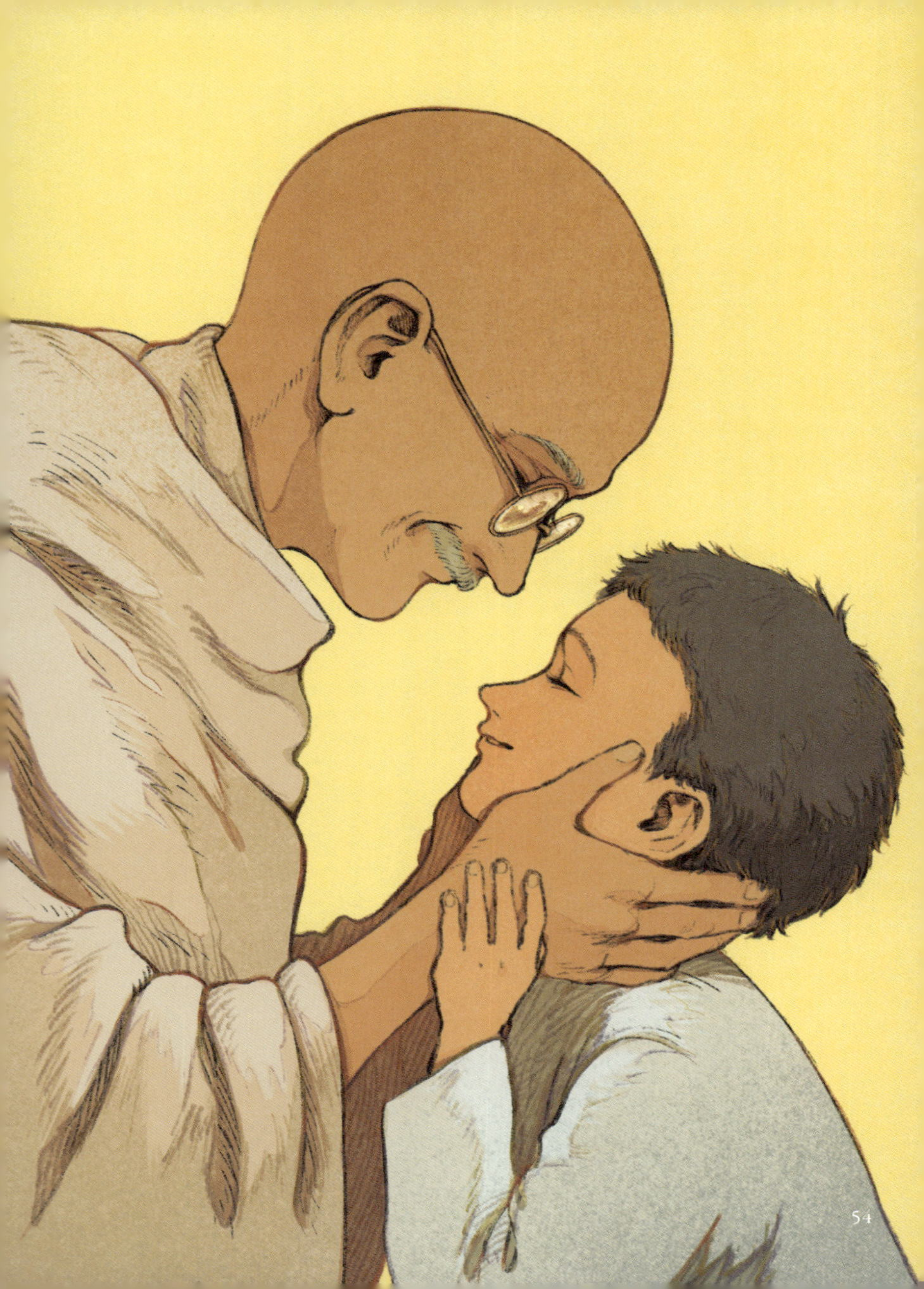

ガンディーのことば

この世界で本当の平和とは
何かを教えようとするなら、
そして本当に
戦争《せんそう》への戦《たたか》いをおこなうなら、
まず子どもたちとともに
着手しよう。

たくさんのことを知っている大人より、無心《むしん》に生きる子どもからのほうが「人生でもっとも偉大《いだい》な教訓《きょうくん》」を学ぶことができる、とガンディーは言いました。すべての子どもが、ありのままにのびのびと成長《せいちょう》できるなら、戦争《せんそう》はなくなり、世界は愛《あい》と平和に満《み》ちていくでしょう。

エピソード
12

インド・パキスタンの分離独立《ぶんりどくりつ》。暴動《ぼうどう》による混乱《こんらん》の中、平和と和解《わかい》のために活動

戦争《せんそう》と「インドを立ち去れ」運動によってイギリスの力は弱まっていきましたが、イギリスが退《しりぞ》いた後の独立《どくりつ》の仕方をめぐって、くすぶっていた宗教《しゅうきょう》間の対立があらわになります。特《とく》にはげしかったのは、インド最大《さいだい》の宗教《しゅうきょう》であるヒンドゥー教と、それに次ぐイスラム教との争《あらそ》いです。ガンディーが願《ねが》ったのは、さまざまな宗教《しゅうきょう》やカーストが共生《きょうせい》する「ひとつのインド」です。一方で、少数派《しょうすうは》のイスラム教徒《きょうと》と多数派《たすうは》のヒンド

ウー教徒《きょうと》は別《べつ》の国民《こくみん》だと主張《しゅちょう》したのが、イスラム教の政治組織《せいじそしき》「全インド・ムスリム連盟《れんめい》」の指導者《しどうしゃ》ジンナーでした。最終的《さいしゅうてき》にイギリスが提《てい》案《あん》したのは、インドの独立《どくりつ》と同時に、新たにイスラム国家パキスタンをつくって分ける「分離独立《ぶんりどくりつ》」です。ガンディーは最後《さいご》まで統一《とういつ》のために話し合おうとしますが、ジンナーの主張《しゅちょう》は変《か》わらず、インド国民会議派《こくみんかいぎは》でガンディーの右腕《みぎうで》であるネルーやパテールもついに分離《ぶんり》に賛成《さんせい》しました。落胆《らくたん》したガンディーは、いったん会議《かいぎ》から身を引き、宗教《しゅうきょう》対立で暴力《ぼうりょく》にさらされた村々《むらむら》をめぐる旅に出ました。

１９４７年８月14日の真夜中にパキスタンが誕生《たんじょう》し、翌日《よくじつ》、インドが独立《どくりつ》します。待ちに待った独立《どくりつ》でしたが、国境線《こっきょうせん》が引かれると大混乱《だいこんらん》が起こりました。パキスタンからはヒンドゥー教徒《きょうと》などがインドへ、インドからはイスラム教徒《きょうと》がパキスタンへ難民《なんみん》として流れこみ、１４００万人以上《いじょう》の人々《ひとびと》が家を失《うしな》いました。そのころガンディーは、大規模《だいきぼ》な宗教暴動《しゅうきょうぼうどう》のあったコルカタ（カルカッタ）で暴力《ぼうりょく》の停止《ていし》を呼《よ》びかけていました。しかし、努力《どりょく》もむなしく、分離独立《ぶんりどくりつ》前後の数年間で数百万人もの人々《ひとびと》が命を落としたといわれます。

ガンディーのことば

さまざまな宗教《しゅうきょう》は
同じ場所に到達《とうたつ》する別々《べつべつ》の道です。
同じ目標《もくひょう》に到達《とうたつ》できるのであれば、
どんな道を通ろうとも、
なんの問題があるでしょうか。

ヒンドゥー教やイスラム教、キリスト教、仏教《ぶっきょう》など、世界にはさまざまな宗教《しゅうきょう》があります。それぞれ祈《いの》りかたや決まりごとはちがいますが、自己犠牲《じこぎせい》や慈悲《じひ》、愛《あい》の大切さを説《と》いているのは変《か》わりません。だからガンディーは、どんな宗教《しゅうきょう》でも共存《きょうぞん》できると信《しん》じたのです。

ガンディーのことば

暗殺者《あんさつしゃ》の銃弾《じゅうだん》が、わたしの命を
終わらせるかもしれない。
わたしはそれを歓迎《かんげい》したい。
だが、わたしは最後《さいご》の息を
引き取りながら、自分の義務《ぎむ》を
はたして消えていきたいのだ。

宗教暴動《しゅうきょうぼうどう》の嵐《あらし》が吹《ふ》き荒《あ》れる中、ガンディーは、いつかは暗殺《あんさつ》されると予感していたかもしれません。それでも各地《かくち》に足を運び、民衆《みんしゅう》との対話をつづけました。命の危《き》機《き》にさらされても、非暴力《ひぼうりょく》による平和を求《もと》めたのです。この発言の翌日《よくじつ》、ガンディーは凶弾《きょうだん》にたおれました。

My life is my message.

（わたしの人生そのものが、わたしのメッセージです）

粗末《そまつ》な布《ぬの》を身にまとい、貧《まず》しい人々《ひとびと》の声に耳をかたむけながら、生涯《しょうがい》をかけて非暴力《ひぼうりょく》をつらぬいたガンディー。差別《さべつ》や不正《ふせい》に断固《だんこ》として立ち向かい、だれもが共生《きょうせい》できる社会をめざした生きかたは、平和を願《ねが》うすべての人々《ひとびと》への力強いメッセージとなっています。

エピソード 13

宗教暴動《しゅうきょうぼうどう》をしずめるために断食《だんじき》。ヒンドゥー過激派《かげきは》の男性《だんせい》により暗殺《あんさつ》

ガンディーはしばしば、みずからの主張《しゅちょう》をうったえるために、飲食を断《た》つ断食《だんじき》をおこないました。首都デリーで滞在《たいざい》していた家でも、宗教《しゅうきょう》間の争《あらそ》いがしずまることを願《ねが》って断食《だんじき》をはじめます。

１９４８年１月30日、断食《だんじき》によってやせ細った78歳《さい》のガンディーは、

夕べの祈《いの》りをおこなうため、民衆《みんしゅう》の待つ屋外へと歩み出ました。そのとき、1人の男性《だんせい》がガンディーに向けて3発の銃弾《じゅうだん》を放ちました。「ヘー、ラーマ（おお、神よ）」とつぶやき、ガンディーは息を引き取りました。

ガンディーを撃《う》ったのは、ナトゥーラーム・ゴードセーという、ヒンドゥー過激派《かげきは》の男性《だんせい》です。過激派《かげきは》の人々《ひとびと》はイスラム教を敵視《てきし》し、パキスタンのこともみとめていませんでした。殺害《さつがい》の理由は「ガンディーがイスラム教徒《きょうと》に強く歩みよったから」で、「彼《かれ》さえいなくなれば、インドからまちがった非暴力《ひぼうりょく》思想がなくなる」と主張《しゅちょう》しました。

ガンディーの葬儀《そうぎ》には全国から数百万の人々《ひとびと》が集まり、沿道《えんどう》をうめつくしました。国際《こくさい》社会からも悲しみの声がよせられ、原爆《げんばく》投下を批判《ひはん》し平和をうったえたアインシュタインも、偉大《いだい》な友人への尊敬《そんけい》の思いを送りました。インドの首相ネルーはその死をいたみ、「国民《こくみん》の父」ガンディーの遺志《いし》を継《つ》いで平和な国をつくろうと国民《こくみん》に呼《よ》びかけます。やがて、あれほど吹《ふ》き荒《あ》れた暴力《ぼうりょく》の嵐《あらし》はおさまり、インドはさまざまな宗教《しゅうきょう》の共《きょう》存《ぞん》をめざす国となりました。非暴力《ひぼうりょく》という手段《しゅだん》でインドを独立《どくりつ》へと導《みちび》いたガンディーは、今も世界中の人々《ひとびと》に影響《えいきょう》をあたえつづけています。

ガンディーの年表

CHRONOLOGY

西暦《せいれき》	年齢《ねんれい》	できごと
1869年	0	10月2日、インドのグジャラート地方、ポルバンダルで父カラムチャンド・ガンディーと母プトリバーイの末《すえ》っ子として生まれる。
1876年	7	ラージコートに一家で移《うつ》り住む。
1881年	12	イギリス式の学校、アルフレッド・ハイスクールに入学する。
1882年	13	カストゥルバと結婚《けっこん》する。
1885年	16	父カラムチャンドが亡《な》くなる。
1888年	19	長男ハリラールが誕生《たんじょう》。法律《ほうりつ》を学ぶためにロンドンに留学《りゅうがく》する。
1891年	22	法廷弁護士《ほうていべんごし》の資格《しかく》を得《え》てインドに帰国。母の死を知る。
1893年	24	南アフリカへ出発する。人種差別《じんしゅさべつ》を受ける。
1894年	25	インド人移民《いみん》の請願《せいがん》を南アフリカの議会《ぎかい》に提出《ていしゅつ》。ナタール・インド人会議派《かいぎは》を設立《せつりつ》する。
1896年	27	インドに一時帰国。家族をつれてふたたび南アフリカにもどる。
1899年	30	ブーア戦争勃発《せんそうぼっぱつ》（～1902年）。インド人衛生看護部隊《えいせいかんごぶたい》を組織《そしき》する。
1902年	33	コルカタ（カルカッタ）で開催《かいさい》されたインド国民会議派《こくみんかいぎは》年次大会に出席《しゅっせき》。移民仲間《いみんなかま》からの要請《ようせい》を受け、ブーア戦争《せんそう》後の南アフリカにもどる。

1904年	35	『インディアン・オピニオン』紙を発行。ナタール植民地《しょくみんち》のダーバン近郊《きんこう》にフェニックス農場をひらく。
1906年	37	インド人移民《いみん》に対するアジア人登録法案《とうろくほうあん》に反対し、最初《さいしょ》のサッティヤーグラハを実施《じっし》。
1907年	38	アジアからの移民《いみん》に指紋押捺《しもんおうなつ》を強制《きょうせい》する「暗黒法《あんこくほう》」に抗議《こうぎ》し、サッティヤーグラハを実施《じっし》。
1908年	39	サッティヤーグラハを扇動《せんどう》したとして有罪判決《ゆうざいはんけつ》、ヨハネスバーグ刑務所《けいむしょ》に服役。 政府《せいふ》がふたたび暗黒法《あんこくほう》を強制《きょうせい》したため、大量《たいりょう》の登録証《とうろくしょう》を焼却《しょうきゃく》するというサッティヤーグラハを実施《じっし》。
1910年	41	ヨハネスバーグ近郊《きんこう》にトルストイ農場を設立《せつりつ》。イギリスの自治領《じちりょう》として南アフリカ連邦成立《れんぼうせいりつ》。
1913年	44	キリスト教式でない結婚《けっこん》を無効《むこう》とする法案《ほうあん》に抗議《こうぎ》してサッティヤーグラハを実施《じっし》。 ナタールからトランスヴァールに違法《いほう》に入国。2000人以上《いじょう》の鉱山夫《こうざんふ》をひきいた大行進を組織《そしき》。
1914年	45	**第一次世界大戦勃発《たいせんぼっぱつ》（〜1918年）**。南アフリカを去り、イギリスで療養《りょうよう》のため滞在《たいざい》。
1915年	46	インドに帰国。アフマダーバード（アーメダーバード）にアーシュラム（道場）を設立《せつりつ》。
1917年	48	アフマダーバード近郊《きんこう》のサバルマティ川岸に新しいアーシュラムを建設《けんせつ》。 チャンパーランにて、藍《あい》農園の農民《のうみん》の権利《けんり》を守るため、帰国後はじめてのサッティヤーグラハをおこない、成功《せいこう》に導《みちび》く。
1919年	50	戦後《せんご》の治安《ちあん》強化をめざすローラット法《ほう》に抗議《こうぎ》し、全国的《ぜんこくてき》なハルタール（ストライキ）をおこなう。 アムリトサル（アムリッツァー）にて軍《ぐん》の発砲《はっぽう》で千数百名の死者を出す大虐殺事件《だいぎゃくさつじけん》が発生。ガンディーは準備不足《じゅんびぶそく》で運動を開始したみずからの判断《はんだん》を「ヒマラヤの誤算《ごさん》」と呼《よ》び、運動を停止《ていし》して3日間の断食《だんじき》を実施《じっし》する。

ガンディーの年表

CHRONOLOGY

西暦《せいれき》	年齢《ねんれい》	できごと
1920年	51	インド自治連盟議長《じちれんめいぎちょう》に就任《しゅうにん》。非協力《ひきょうりょく》のサッティヤーグラハを決議《けつぎ》。
1921年	52	民衆《みんしゅう》とともにいることをしめすため、カーディー（手織綿布《ておりめんぷ》）のみを身に着けると決断《けつだん》。 市民不服従《しみんふふくじゅう》運動を総指揮《そうしき》する。
1922年	53	チャウリ・チャウラで運動側《うんどうがわ》が警察署《けいさつしょ》を襲撃《しゅうげき》し、多くの犠牲者《ぎせいしゃ》を出す事件《じけん》が発生。市民不服従《しみんふふくじゅう》運動を停止《ていし》し、5日間の断食《だんじき》を実施《じっし》する。 『ヤング・インディア』紙の記事が治安妨害《ちあんぼうがい》として逮捕《たいほ》され、6年の有罪判決《ゆうざいはんけつ》を受けて服役する。
1929年	60	インド国民会議派《こくみんかいぎは》の年次大会で、ガンディーが提案《ていあん》した「完全独立《かんぜんどくりつ》」（プールナ・スワラージ）が運動の目標《もくひょう》に採択《さいたく》される。議会《ぎかい》のボイコットや1月26日を「独立《どくりつ》の日」とする方針《ほうしん》が合意され、ガンディーのもとでのサッティヤーグラハの実施《じっし》が決定される。
1930年	61	3月12日「塩《しお》の行進」の開始。4月6日、ダーンディーに到着《とうちゃく》し、海浜《かいひん》でインド塩税法《えんぜいほう》をやぶって塩《しお》をすくう。まもなく逮捕《たいほ》され、裁判《さいばん》なしに刑務所《けいむしょ》に収監《しゅうかん》される。
1931年	62	イギリスへわたり、唯一《ゆいいつ》の会議派《かいぎは》代表として円卓会議《えんたくかいぎ》に参加《さんか》。帰国後、市民不服従《しみんふふくじゅう》運動を再開《さいかい》。
1932年	63	ムンバイ（ボンベイ）にて逮捕《たいほ》され、刑務所《けいむしょ》に服役する。 カースト制度《せいど》にもふくまれずきびしい差別《さべつ》を受けてきた人々《ひとびと》の集団《しゅうだん》（「不可触民《ふかしょくみん》」）に分離選《ぶんりせん》挙区《きょく》を導入《どうにゅう》する新統治法案《しんとうちほうあん》に抗議《こうぎ》し、獄中《ごくちゅう》で断食《だんじき》を開始。
1933年	64	カースト差別撤廃《さべつてっぱい》をかかげて10か月の全国行脚《あんぎゃ》。カストゥルバが逮捕《たいほ》される。

1934年	65	全インド・農村手工業組合を設立《せつりつ》。インド国民会議派《こくみんかいぎは》から脱退《だったい》する。
1939年	70	**第二次世界大戦勃発《たいせんぼっぱつ》（～1945年）**。
1940年	71	インドの参戦《さんせん》決定に抗議《こうぎ》して、一人ひとりのサッティヤーグラハを開始。大量《たいりょう》の逮捕者《たいほしゃ》が出る。
1941年	72	**太平洋戦争勃発《せんそうぼっぱつ》（～1945年）**。
1942年	73	会議派《かいぎは》はガンディーの指揮《しき》する「インドを立ち去れ」のサッティヤーグラハ実施《じっし》を決定。 逮捕《たいほ》され、妻《つま》らとともにアガ・カーン宮殿《きゅうでん》に幽閉《ゆうへい》される。
1943年	74	アガ・カーン宮殿《きゅうでん》にて、政府《せいふ》とインド側《がわ》の対立を乗りこえるために21日間の断食《だんじき》を実施《じっし》する。
1944年	75	妻《つま》カストゥルバが亡《な》くなる。体調悪化を理由に釈放《しゃくほう》される。
1946年	77	宗教暴動《しゅうきょうぼうどう》が起こったベンガル東部におもむき、2か月で47の村をまわり暴動《ぼうどう》の鎮静化《ちんせいか》につとめる。
1947年	78	マウントバッテン新総督《しんそうとく》のもとで独立《どくりつ》をめぐる会議《かいぎ》がひらかれたが、統一案《とういつあん》は実現《じつげん》せず。 8月14日にパキスタン、15日にインドが分離独立《ぶんりどくりつ》。 コルカタ（カルカッタ）におもむき、暴動《ぼうどう》をしずめるため断食《だんじき》。デリーに滞在《たいざい》して難民《なんみん》を救済《きゅうさい》し、平和の実現《じつげん》のため努力《どりょく》する。
1948年		デリーの宗教暴動《しゅうきょうぼうどう》をしずめるため5日間の断食《だんじき》。 1月30日、ビルラー邸《てい》でヒンドゥー過激派《かげきは》のゴードセーにより暗殺《あんさつ》される。

『南アフリカでのサッティヤーグラハの歴史2　非暴力不服従運動の展開』M・K・ガーンディー 著　田中敏雄 訳注　2005年（東洋文庫）

『真の独立への道（ヒンド・スワラージ）』M.K.ガーンディー 著　田中敏雄 訳　2001年（岩波文庫）

『私にとっての宗教』マハトマ・ガンディー 著　竹内啓二、浦田広朗、鈴木康之、梅田徹、保坂俊司 訳　1991年（新評論）

WEB

Comprehensive Website on the life and works of Mahatma Gandhi
https://m.mkgandhi.org/

Gandhi Heritage Portal
https://www.gandhiheritageportal.org/

この本の使い方

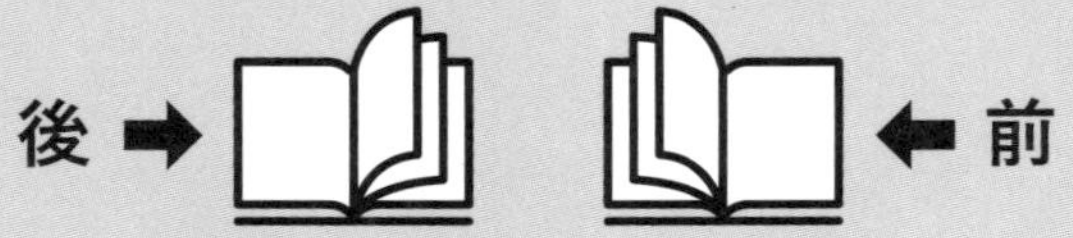

この本は、前からでも後ろからでも読むことができます。

前の方では、ガンディーのことばから生きかたを知り、生《お》い立ちもわかるようになっています。後ろの方では、ガンディーが生きた時代や、かかわった人など、ガンディーのことをいろいろな面から知ることができます。好《す》きな方から読んでみてください。

参考文献《さんこうぶんけん》

書籍

『ガンディーの真実―非暴力思想とは何か』間永次郎 著　2023年（ちくま新書）

『ガンディーに訊け』中島岳志 著　2018年（朝日文庫）

非暴力の人物伝 1『マハトマ・ガンディー／阿波根昌鴻』たからしげる、堀切リエ 著　2018年（大月書店）

『ガンディー 平和を紡ぐ人』竹中千春 著　2018年（岩波新書）

『NHK 100分de名著　ガンディー「獄中からの手紙」2017年2月』　2017年（NHK出版）

コミック版　世界の伝記15『ガンジー』たかはしまもる 漫画　長崎暢子 監修　2012年（ポプラ社）

伝記 世界を変えた人々9『ガンジー』マイケル・ニコルソン 著　坂崎麻子 訳　1992年（偕成社）

『ガンディーの生涯（上）・（下）』クリシュナ・クリパラーニ 著　森本達雄 訳　1983年（第三文明社）

『わたしの非暴力』マハトマ・ガンディー 著　森本達雄 訳　2021年（みすず書房）

『ガンディー　強く生きる言葉』マハトマ・ガンディー 著　佐藤けんいち 編訳　2020年（ディスカヴァー・トゥエンティワン）

『「ギーター」書簡』ガンディー 著　森本達雄 訳　森本素世子 補訂　2018年（第三文明選書）

『ガンディーの言葉』マハートマ・ガンディー 著　鳥居千代香 訳　2011年（岩波ジュニア新書）

『今こそ読みたい　ガンディーの言葉』マハートマー・ガンディー 著　古賀勝郎 訳　2011年（朝日新聞出版）

『ガンディー　獄中からの手紙』森本達雄 訳　2010年（岩波文庫）

『ガンジー自伝』マハトマ・ガンジー 著　蠟山芳郎 訳　2004年改訂（中公文庫）

『南アフリカでのサッティヤーグラハの歴史1　非暴力不服従運動の誕生』M・K・ガーンディー 著　田中敏雄 訳注　2005年（東洋文庫）

Book ★★☆ インドがまるごとわかる解説書《かいせつしょ》

『地図でスッと頭に入るインド』

関口真理　監修

ガンディーらの運動によって独立《どくりつ》を勝ち取ったインドは、その後、華々《はなばな》しい経《けい》済発展《ざいはってん》を遂《と》げ、世界一の人口大国となりました。その一方で、カースト制度《せいど》による差別《さべつ》や、国境《こっきょう》を接《せっ》する中国やパキスタンとの関係《かんけい》など、数多くの問題もかかえています。本書は、伝統《でんとう》と最先端《さいせんたん》の技《ぎ》術《じゅつ》が共存《きょうぞん》するインドの基本情報《きほんじょうほう》と最新《さいしん》事情《じじょう》を、豊富《ほうふ》なイラストと地図で解説《かいせつ》。インドの全体像《ぞう》をまるごと知ることができます。

昭文社、2024年

Cinema 勇気《ゆうき》ある生涯《しょうがい》をえがいたアカデミー賞受賞作《しょうじゅしょうさく》

『ガンジー』

アメリカ、1982年

ガンディーがアバとマヌーにささえられて歩むシーン。

南アフリカで人種差別撤廃《じんしゅさべつてっぱい》をうったえ、インドに帰国してからはイギリスからの独立《どくりつ》運動をひきいたガンディーの生涯《しょうがい》をたどった大作です。どんな暴力《ぼうりょく》や非難《ひなん》にもあきらめることなく、最後《さいご》まで非暴力《ひぼうりょく》・不服従《ふふくじゅう》の思想をつらぬいたガンディー。その勇気《ゆうき》ある人となりを迫力《はくりょく》ある映像《えいぞう》でえがき、第55回アカデミー賞《しょう》を9部門受賞《じゅしょう》しました。配信《はいしん》サイトでも視聴《しちょう》できます。

Book ★★☆ インドの歴史《れきし》や文化をわかりやすく紹介《しょうかい》

『一冊《さつ》でわかるインド史《し》』

水島司 監修

河出書房新社、2021年

古代文明が栄《さか》えたインドは、14億《おく》人をこえる世界一の人口をかかえる大国となりました。さまざまな民族《みんぞく》や言語、宗《しゅう》教《きょう》、文化があり、近年はめざましい経済《けいざい》発展《はってん》を見せています。そんなインドの歴《れき》史《し》や文化を、図とイラストを用いてわかりやすく紹介《しょうかい》しています。「そのころ、日本では？」「知れば知るほどおもしろいインドの偉人《いじん》」などのコラムも、インドの知識《ちしき》を深めるのに役立ちます。

Book ★★☆ 多様な文化をはぐくんだ宗教《しゅうきょう》への理解《りかい》が深まる

『図解《ずかい》でわかる 14歳《さい》から知る インド・中国の宗教《しゅうきょう》と文化』

山折哲雄 監修 インフォビジュアル研究所、大角修 著

アジアの二大大国インドと中国に、古代文明が花ひらいたことでも知られます。仏《ぶっ》教《きょう》、イスラム教、ヒンドゥー教、道教、儒《じゅ》教《きょう》などの宗教《しゅうきょう》が生まれ、多様な文化をはぐくみました。本書ではカラーの図やイラストを多用して、それらの宗教《しゅうきょう》の成《な》り立ちから壮大《そうだい》な宇宙観《うちゅうかん》までを解説《かいせつ》。カースト制《せい》度《ど》についても、図解《ずかい》でわかりやすく説明《せつめい》しています。

太田出版、2024年

Book ★★☆ 弟子たちにあてた15通の手紙

『ガンディー　獄中《ごくちゅう》からの手紙』

森本達雄 訳

1930年、ヤラヴァーダー中央刑務所《けいむしょ》に収監《しゅうかん》されていたガンディーは、アーシュラム（道場）にいる弟子たちにあてて、1週間ごとに手紙を送りました。その15通の手紙をまとめたのが本書です。真理や愛《あい》について、カーストにもふくまれず、もっとも差別《さべつ》されていた「不可《ふか》触民《しょくみん》」の制度《せいど》の撤廃《てっぱい》について、また、インドの国産《こくさん》品を愛用《あいよう》する運動についてなど、ガンディーの思想と活動の本質《ほんしつ》が記されています。

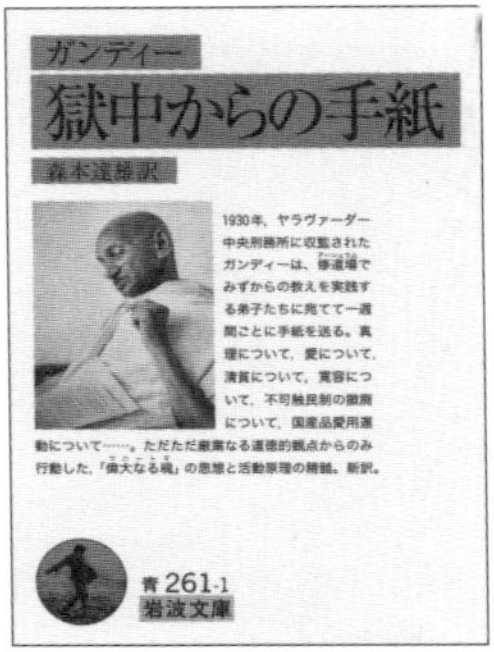

岩波文庫、2010年

Book ★★★ ヒンドゥー教の聖典《せいてん》について書かれた手紙

『「ギーター」書簡《しょかん》』

ガンディー 著　森本達雄 訳　森本素世子 補訂

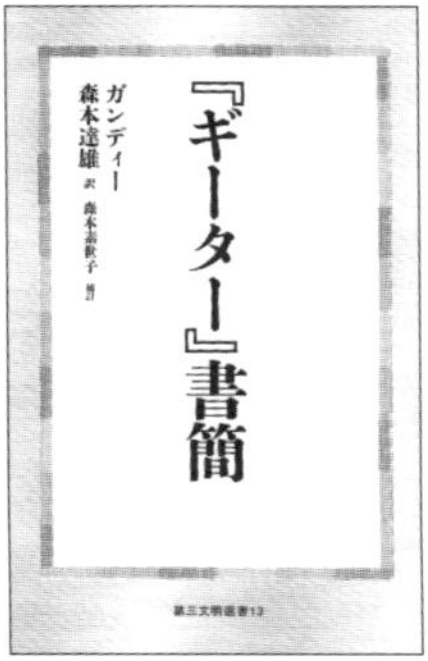

第三文明選書、2018年

古代インドの大叙事詩《だいじょじし》『マハーバーラタ』に収録《しゅうろく》された神の歌『バガヴァッド・ギーター』は、ヒンドゥー教でもっとも重視《じゅうし》される聖典《せいてん》のひとつです。本書はこの聖典《せいてん》を人々《ひとびと》にわかりやすく伝《つた》えるために獄中《ごくちゅう》にいたガンディーが書いた、18通の手紙をまとめたものです。『ギーター』は、神と人間の中にいる悪魔《あくま》との永遠《えいえん》の戦《たたか》いを物語っています。それは、今もすべての人間の心の中で起こると書かれています。

Book ★★☆ みずからつづった激動《げきどう》の半生

『ガンジー自伝《じでん》』

マハトマ・ガンジー 著　蠟山芳郎 訳

中公文庫、2004年

本書におさめられているのは、幼少《ようしょう》期《き》から、イギリス、南アフリカをへてインドで政治《せいじ》に参加《さんか》する1920年ごろまでのガンディーの半生です。チャルカ（紡《つむ》ぎ車《ぐるま》）とカーディー（手織綿布《ておりめんぷ》）についてのエピソードでしめくくられています。民衆《みんしゅう》の心をとらえたこの運動は、やがて「塩《しお》の行進」などへと発展《はってん》していきました。これら独立《どくりつ》運動の土台ができるまでの過程《かてい》を、誠実《せいじつ》な文章で読むことができます。

Book ★★☆ 対話形式で書かれたガンディーの理念《りねん》

『真の独立《どくりつ》への道（ヒンド・スワラージ）』

M.K.ガーンディー 著　田中敏雄 訳

非暴力《ひぼうりょく》・不服従《ふふくじゅう》によるサッティヤーグラハでインドの民族《みんぞく》運動をひきいたガンディーが、みずからの思想と運動の基本《きほん》理念《りねん》についてつづった本。編集者《へんしゅうしゃ》のガンディーと急進的《きゅうしんてき》な若者《わかもの》の読者が対話をする、という設定《せってい》で書かれています。イギリス支配《しはい》によってもたらされた近代文明を批判《ひはん》し、真の文明とは何か、また、インドの独立《どくりつ》はどのような形であるべきかなどについて書かれています。

岩波文庫、2001年

Book ★★☆ 「人間ガンディー」の生きかたに学ぶ

『ガンディー　平和を紡《つむ》ぐ人』

竹中千春 著

国際政治《こくさいせいじ》（南アジア政治《せいじ》）の専門家《せんもんか》である著者《ちょしゃ》が、ガンディーの生きかたと思想をていねいにえがき出した評伝《ひょうでん》。偉人《いじん》としての側面《そくめん》よりも、年齢《ねんれい》を重ねるたびにどんどん変身《へんしん》していく「人間ガンディー」を生き生きとえがいています。激動《げきどう》の時代の中で、試行錯誤《しこうさくご》をくり返しながら、マルチな才能《さいのう》を発揮《はっき》したガンディー。「平和がどのようにつくられるのか」について、考えるきっかけとなる一冊《さつ》。

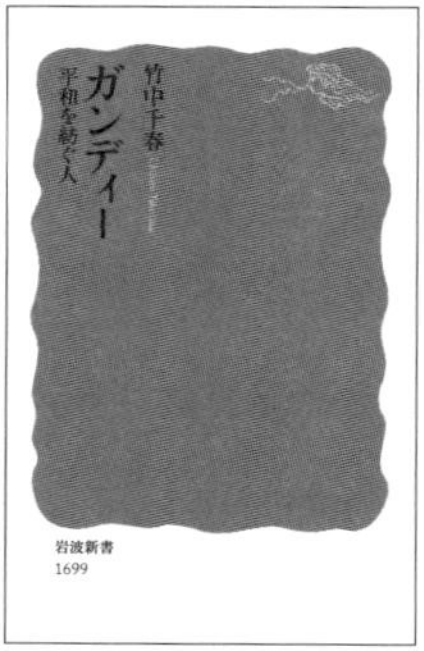

岩波新書、2018年

Book ★★☆ 現代人《げんだいじん》への「メッセージ」を読み解《と》く

『ガンディーに訊《き》け』

中島岳志 著

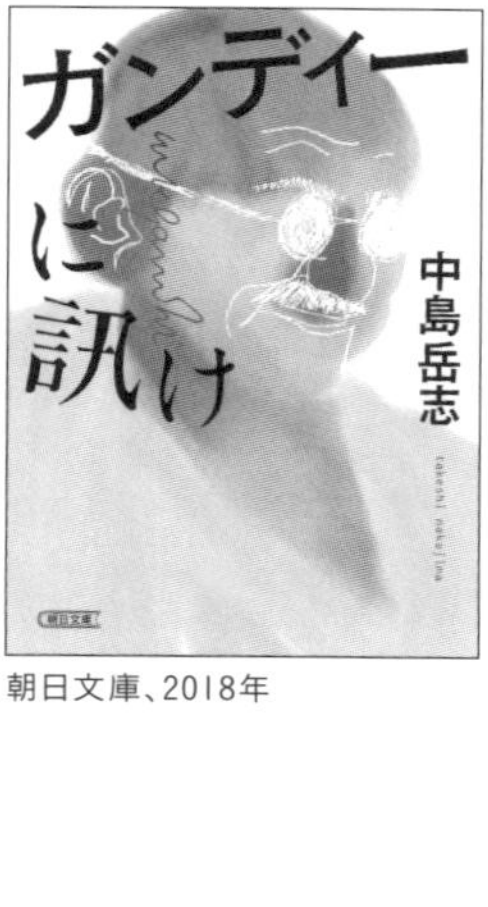

朝日文庫、2018年

人々《ひとびと》に尊敬《そんけい》された偉大《いだい》なるガンディーも、多くの欲望《よくぼう》になやむ１人の人間でした。彼《かれ》はそれをどのようにして乗りこえ、民衆《みんしゅう》をひきいる大きな思想へとたどり着いたのでしょう。いわゆる伝記《でんき》のスタイルではなく、序《じょ》にある通り、ガンディーのメッセージを現代《げんだい》に生きるわたしたちがどのように受け止めればいいのかに焦点《しょうてん》を当てて書かれています。

WANT TO KNOW! ✷ GANDHI

もっと知りたい！

ガンディー

ガンディーへの理解《りかい》をもっと深めるためにオススメの本や映画《えいが》を紹介《しょうかい》します。ぜひ参考《さんこう》にしてみてください。

Book……… 本

Cinema…… 映画《えいが》

★☆☆…… 次の1冊《さつ》にオススメ。

★★☆…… 中高生レベル。読みやすい。

★★★…… 専門的《せんもんてき》だけど、外せない1冊《さつ》。

Book ★☆☆ ガンディーを身近に感じられる伝記《でんき》

『新しい世界の伝記《でんき》 ライフ・ストーリーズ① ガンディー』

ダイアン・ベイリー 著 シャーロット・エイジャー 絵

宮川健郎 日本語版総監修 安田章子 訳

非暴力《ひぼうりょく》という勇気《ゆうき》ある行動で、植民地《しょくみんち》だったインドを独立《どくりつ》へと導《みちび》いたガンディー。でも、子どものころは臆病《おくびょう》で、幽霊《ゆうれい》がこわくてたまりませんでした。世界の人々《ひとびと》に大きな影響《えいきょう》をあたえたガンディーの人生が、人間味あふれるエピソードとともに紹介《しょうかい》されています。あまり知られていないインドの文化や身分制《せい》度《ど》などについても、写真やイラストでわかりやすく解説《かいせつ》しています。

三省堂、2020年

人種差別《じんしゅさべつ》と戦《たたか》った

南アフリカ共和国《きょうわこく》

アフリカ大陸最南端《たいりくさいなんたん》にある国です。南アフリカにわたったガンディーは、港町ダーバンに到着《とうちゃく》。生活の拠点《きょてん》としたのは、イギリスがオランダ系《けい》のブーア人からうばった旧《きゅう》ナタール植民地《しょくみんち》でした。人種差別《じんしゅさべつ》のはげしかったこの国で、ガンディーもピーターマリッツバーグ(通称《つうしょう》マリッツバーグ)の駅で差別《さべつ》にあいます。そのとき向かっていたのはナタールの北西、旧《きゅう》トランスヴァール共和国《きょうわこく》のプレトリアで、現在《げんざい》の首都です。プレトリアに近いヨハネスバーグは金の発見とともにできた町で、現在《げんざい》南アフリカ共和国《きょうわこく》の最大《さいだい》の都市となっています。ガンディーは何度も逮捕《たいほ》されながら、ここに建設《けんせつ》した共同《きょうどう》農場でくらしました。

ピーターマリッツバーグの高等裁判所《さいばんしょ》の前にはガンディー像《ぞう》が建《た》っている。

ヨハネスバーグにあるガンディーが投獄《とうごく》されていた刑務《けいむ》所《しょ》。現在《げんざい》は博物館《はくぶつかん》になっている。

弁護士《べんごし》をめざした

イギリス（ロンドン）

テムズ川の中流に位置《いち》するロンドンはイギリスの首都です。中世から水運により商業が発展《はってん》し、18 世紀《せいき》後半の産業革命《さんぎょうかくめい》後は世界経済《けいざい》の中心都市として繁栄《はんえい》しました。ガンディーは弁護《べんご》士《し》になるため 18 歳《さい》でイギリスに留学《りゅうがく》し、滞在《たいざい》先のロンドンでは、イギリス人にあこがれてスーツを身につけ、ダンスやバイオリン、フランス語まで習いました。その後、南アフリカとインドで差別撤廃《さべつてっぱい》の運動をはじめると、ロンドンはイギリス政府《せいふ》と交渉《こうしょう》する舞台《ぶたい》となりました。

ガンディーが弁護士《べんごし》をめざした
インナー・テンプルにある
キングス・ベンチ・ウォーク。

ガンディーが滞在《たいざい》した
バロンズ・コート・ロード20 番地。

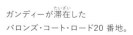

最期《さいご》の時間をすごした
ビルラー邸《てい》(左)。

銃《じゅう》で撃《う》たれる直前の
足取りをたどることができる(下)。

最期《さいご》をむかえた地
デリー

インド中北部にある首都デリーは、古くからあるオールドデリーと、そのとなりにイギリスが首都として開発したニューデリーに分けられます。1948 年 1 月 30 日、ガンディーは滞在《たいざい》していたデリーのビルラー邸《てい》で、夕べの祈《いの》りのときに暗殺《あんさつ》されました。

最期《さいご》のことば「ヘー、ラーマ」が記されたガンディーの慰霊碑《いれいひ》。

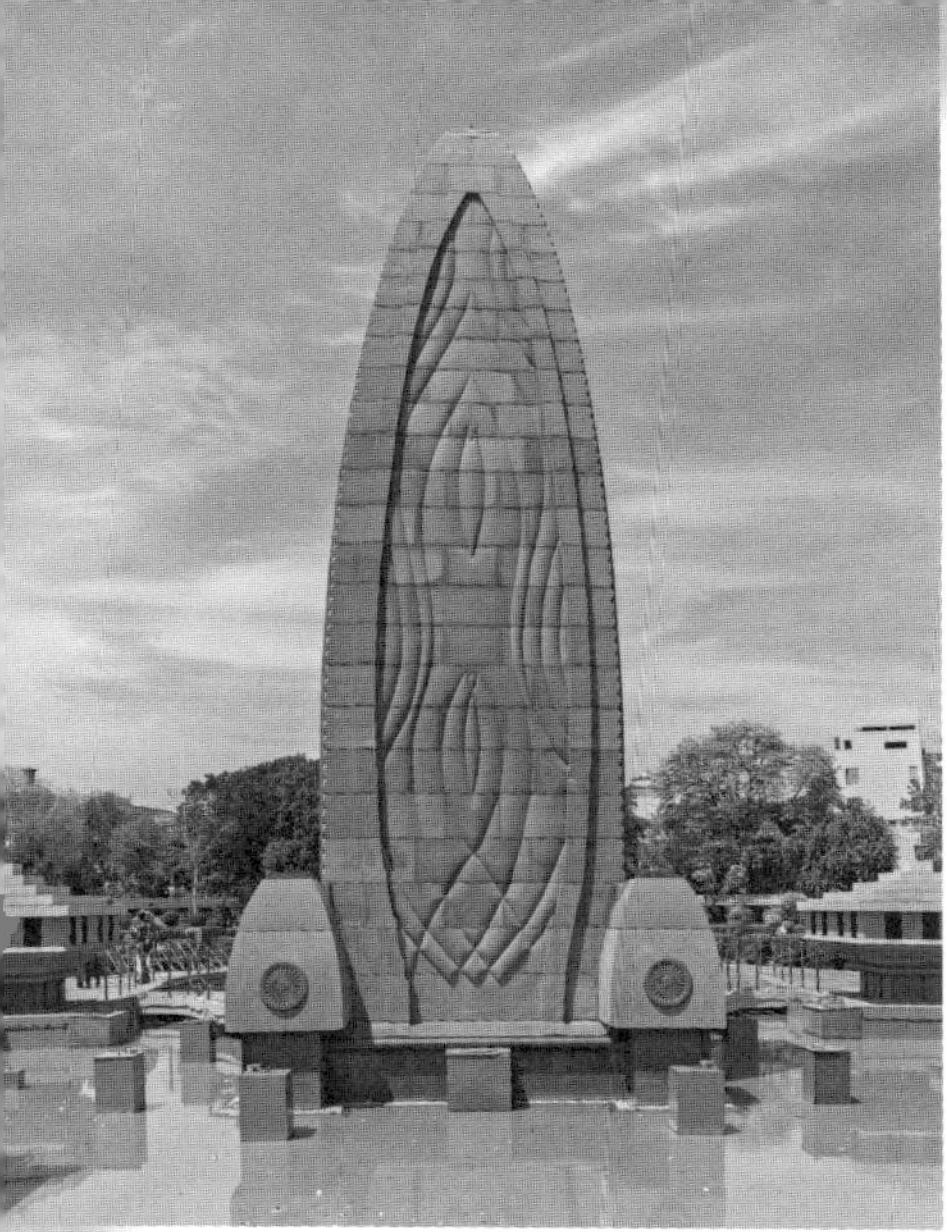

「ヒマラヤの誤算《ごさん》」の跡地《あとち》

アムリトサル

インド北部、パキスタンとの国境《こっきょう》近くにある都市で、アムリッツァーとも呼《よ》ばれました。1919年にローラット法《ほう》への平和的《へいわてき》な反対運動が広がる中、軍《ぐん》による発砲《はっぽう》で多数の死傷者《ししょうしゃ》を出した事件《じけん》が起こり、民衆《みんしゅう》の怒《いか》りがふき出しはじめます。ガンディーは人々《ひとびと》の心の準備《じゅんび》がととのう前にサッティヤーグラハをはじめたことを反省《はんせい》し、これを「ヒマラヤの誤《ご》算《さん》」と呼《よ》びました。

ジャリアンワラ・バーグ公園にある
大虐殺事件《だいぎゃくさつじけん》の慰霊碑《いれいひ》。

虐殺《ぎゃくさつ》の地で
和解《わかい》を呼《よ》びかけた

コルカタ

インド北東部、ガンジス川下流のコルカタ（当時はカルカッタと呼《よ》ばれた）は長らくイギリス支配《しはい》の中心都市でした。イスラム教徒《きょうと》が多く、分離独立《ぶんりどくりつ》の前年には宗教《しゅうきょう》対立で数千人もの人々《ひとびと》が虐殺《ぎゃくさつ》されました。その後も混乱《こんらん》が広がったため、ガンディーはこの地で宗教《しゅうきょう》間の和解《わかい》を呼《よ》びかけました。

インド帝国《ていこく》時代に建設《けんせつ》された
ヴィクトリア・メモリアル。

ガンディーの独立《どくりつ》運動の
拠点《きょてん》となった
サバルマティ・アーシュラム。

アーシュラムを建設《けんせつ》した
アフマダーバード

ポルバンダルよりも内陸《ないりく》に位置《いち》する工業都市。かつてはグジャラート州の州都で、古くから手織物業《ておりものぎょう》が盛《さか》んにおこなわれました。南アフリカから帰国したガンディーは、この町の中や近郊《きんこう》にアーシュラム（道場）を建設《けんせつ》し、人々《ひとびと》と共同《きょうどう》生活をはじめます。

▼ グジャラート州拡大図《かくだいず》

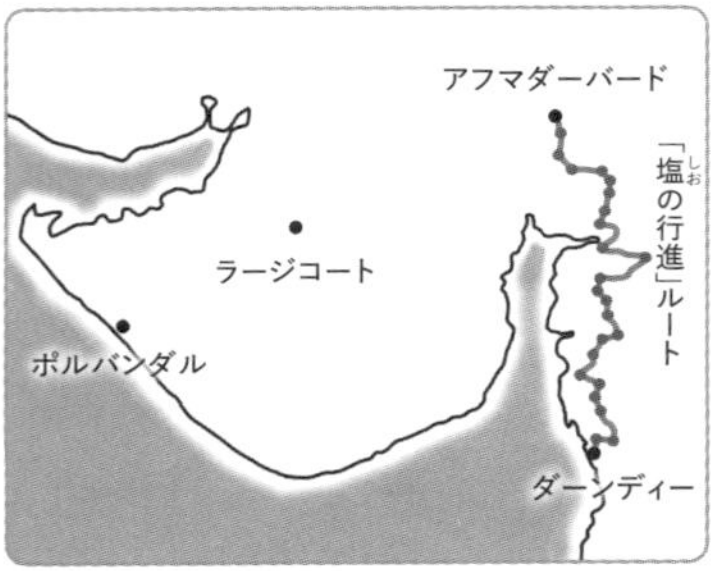

「塩《しお》の行進」の終着点
ダーンディー

ダーンディーはアラビア海に面した小さな村です。1930 年、ガンディーはアフマダーバードを出発して「塩《しお》の行進」をおこない、24 日でこの村の海辺《うみべ》にたどり着きました。禁止《きんし》されていた塩《しお》を作る姿《すがた》が報道《ほうどう》されると、非暴力《ひぼうりょく》での独立《どくりつ》運動が広がっていきました。

「塩《しお》の行進」一行がめざしたダーンディー海岸。

LET'S VISIT GANDHI

ガンディーを旅しよう

ガンディー活躍《かつやく》の舞台《ぶたい》

インド・パキスタン

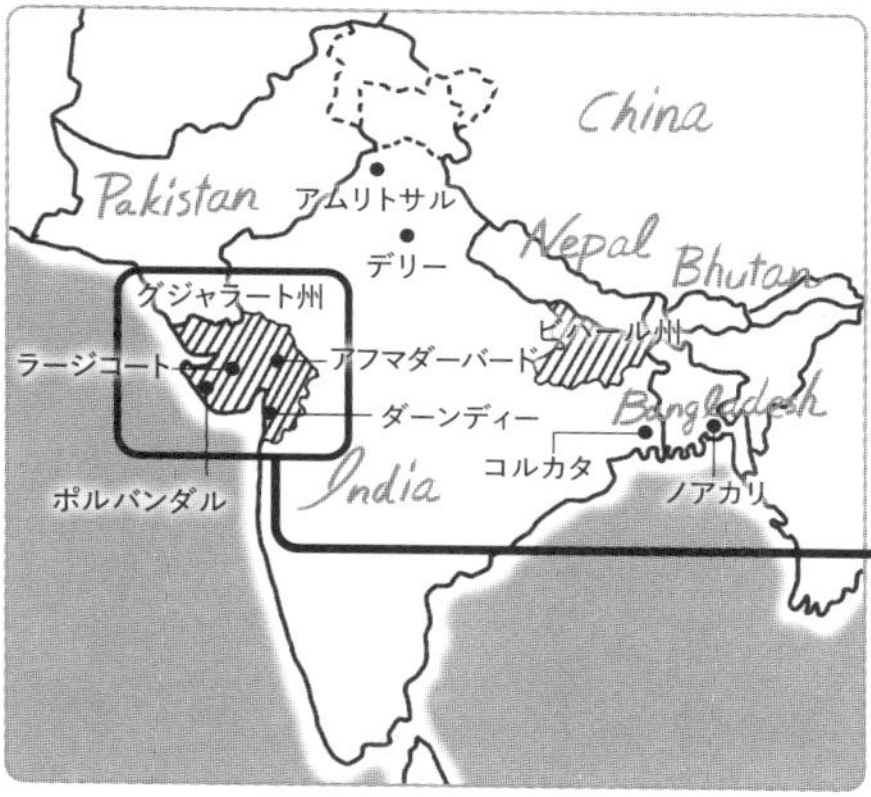

ガンディー誕生《たんじょう》の地

ポルバンダル

インド北西部グジャラート州ポルバンダルはアラビア海に面した港町。かつてはアフリカやペルシャ湾岸《わんがん》との貿易《ぼうえき》で栄《さか》え、西方からさまざまな宗教《しゅうきょう》や文化が伝《つた》わりました。この町で生まれたガンディーも、ことなる神を信《しん》じる人々《ひとびと》とともにくらすことを学びました。ガンディーが7歳《さい》のとき、一家は内陸《ないりく》のラージコートへ移《うつ》ります。

ガンディーの生家。7歳《さい》までここでくらした。

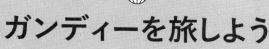

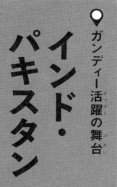

1947年9月、ニューデリーからパキスタンへ向かう列車につめこまれるイスラム教徒《きょうと》の難民《なんみん》。
インドとパキスタンの分離独立《ぶんりどくりつ》は混乱《こんらん》をまねき、多くの虐殺事件《ぎゃくさつじけん》が起きた。

ガンディーが生きた時代3　1939年～

第二次世界大戦《たいせん》とインドの独立《どくりつ》

帝国主義《ていこくしゅぎ》を推《お》し進め、アジアやアフリカを植民地《しょくみんち》化してきたヨーロッパの国々《くにぐに》は、ふたつの世界大戦《たいせん》で力を使いはたし、しだいに国力を弱めていきます。一方、各地《かくち》の植民地《しょくみんち》では、支配《しはい》からの解放《かいほう》をめざして独立《どくりつ》運動が盛《さか》んになっていきました。

植民地《しょくみんち》インドでは、第二次世界大戦《たいせん》が勃発《ぼっぱつ》すると、政治《せいじ》指導者《しどうしゃ》が戦争《せんそう》に協力《きょうりょく》するかしないかで対立し、社会は分断《ぶんだん》されました。ガンディーは当初《とうしょ》から大戦《たいせん》に反対し、各国《かっこく》の首脳《しゅのう》に手紙で戦争《せんそう》の停止《ていし》を求《もと》めました。太平洋戦争《せんそう》がはじまると、日本軍《にほんぐん》は武力《ぶりょく》でインド独立《どくりつ》をめざしたチャンドラ・ボースらのひきいるインド国民軍《こくみんぐん》と協力《きょうりょく》してインドへ向かったものの失敗《しっぱい》し、1945 年 8 月終戦をむかえます。

大戦終結後《たいせんしゅうけつ》はヒンドゥー教とイスラム教がはげしく対立し、各地《かくち》で暴動《ぼうどう》や虐殺《ぎゃくさつ》が起こりました。そんな中、1947 年にインドとイスラム国家パキスタンがイギリスから分離独立《ぶんりどくりつ》します。どちらにも属《ぞく》さなかったカシミール地方をめぐっては両国間で紛争《ふんそう》が起《お》こり、争《あらそ》いは今もつづいています。ガンディーが 1948 年に暗殺《あんさつ》されたのち国内の混乱《こんらん》は静《しず》まり、インドは多宗教《たしゅうきょう》が共存《きょうぞん》する国になっていきました。

ニューデリーでおこなわれたインド独立《どくりつ》の祝賀式典《しゅくがしきてん》に参加《さんか》する人々《ひとびと》。
祝《いわ》いの席《せき》にガンディーは姿《すがた》をあらわさなかった。

「塩《しお》の行進」の終着点、ダーンディー浜《はま》にて一握《ひとにぎ》りの塩《しお》をつかむガンディー。

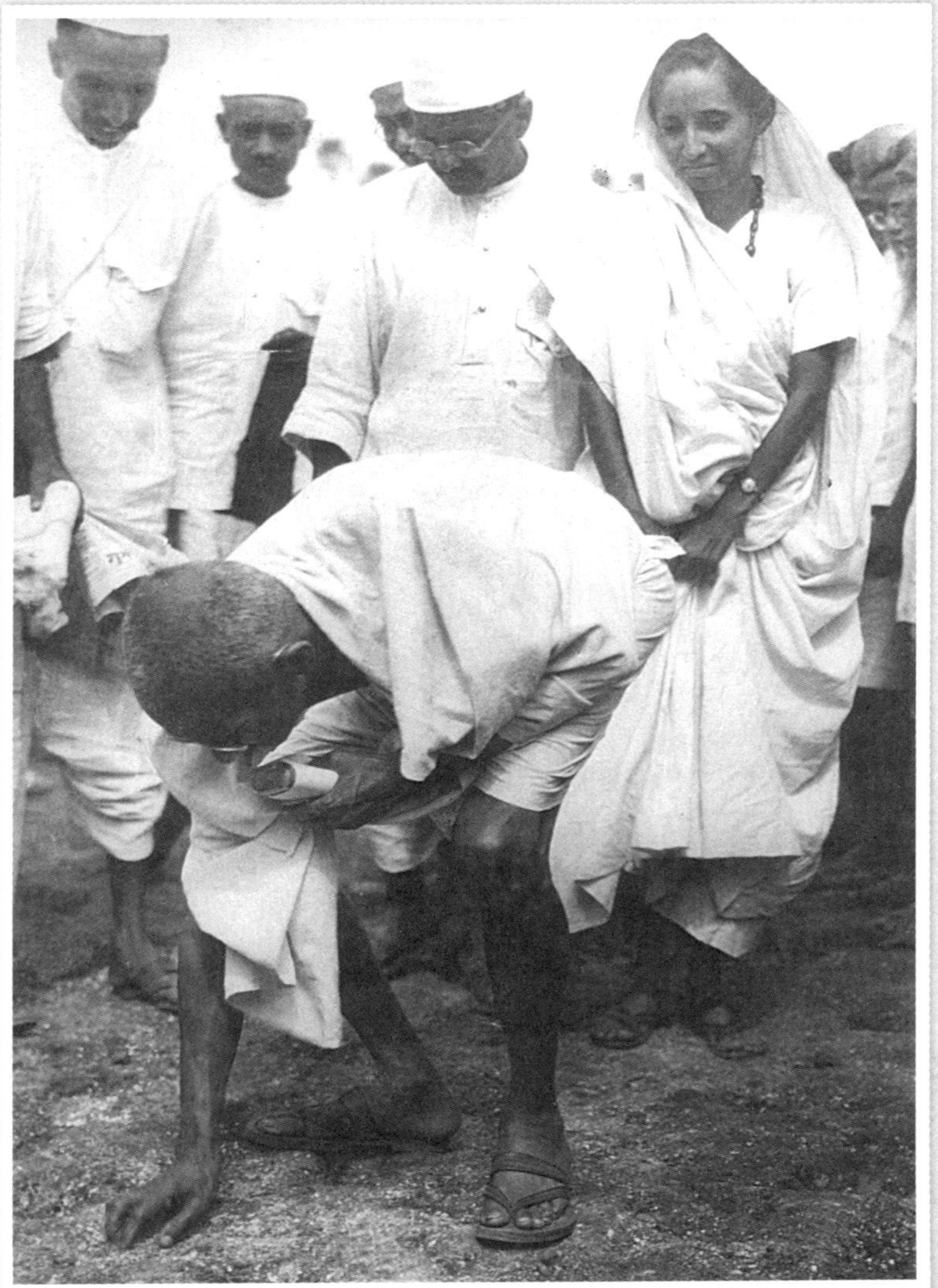

ガンディーが生きた時代 2　1894年～

列強への反発と民族《みんぞく》運動の高まり

帝国主義《ていこくしゅぎ》政策《せいさく》を進めるイギリスは、アフリカ大陸《たいりく》へと進出します。南アフリカでは、オランダ系《けい》のブーア人が 17 世紀《せいき》から入植していましたが、イギリスに追いやられてナタール共和国《きょうわこく》をつくります。しかしイギリスはこれを併合《へいごう》。ブーア人はさらにオレンジ自由国とトランスヴァール共和国《きょうわこく》を建国《けんこく》しますが、両国を得《え》ようと 1899 年にイギリスはブーア戦争《せんそう》をはじめます。この混乱期《こんらんき》に南アフリカへわたっていたガンディーは、現地《げんち》を支配《しはい》するヨーロッパ系《けい》の人々《ひとびと》による人種差《じんしゅさ》別《べつ》を目《ま》のあたりにし、長い抵抗《ていこう》運動を開始《かいし》します。2 年半の戦《たたか》いののち、イギリスはブーア戦争《せんそう》に勝利《しょうり》します。1910 年にはイギリス領《りょう》南アフリカ連邦《れんぽう》が成立《せいりつ》し、アパルトヘイト（人種隔離政策《じんしゅかくりせいさく》）の体制《たいせい》がつくられました。

一方、植民地《しょくみんち》インドでは第一次世界大戦《たいせん》中に、100 万人以上《いじょう》のインド人がイギリス側《がわ》の兵士《へいし》として戦地《せんち》におもむきました。しかし戦後《せんご》、期待していた自治《じち》はかなわずインドへのしめつけが強化されたことから、植民地政策《しょくみんちせいさく》への反発が強まります。さらに 1929 年の世界恐慌《きょうこう》によって、労働者《ろうどうしゃ》や農民《のうみん》が不満《ふまん》をつのらせます。そこで翌年《よくねん》、独立《どくりつ》をかかげてガンディーがおこなったのが「塩《しお》の行進」でした。

ブーア戦争《せんそう》時、イギリス兵救護《へいきゅうご》のためガンディーが結成《けっせい》したインド人衛生看護部隊《えいせいかんごぶたい》。ガンディーは、イギリスの支配下《しはいか》で自分たちの権利《けんり》を求《もと》めるなら、イギリスを助ける義務《ぎむ》があると主張《しゅちょう》した。

ガンディーが法律《ほうりつ》を学んだ、
ロンドンのインナー・テンプルの
ゲートハウス（1900年ごろ）。

イギリスで設立《せつりつ》した菜《さい》食《しょく》主《しゅ》義《ぎ》協《きょう》会《かい》のメンバーとガンディー（前列左）。
インドから遠くはなれた地でガンディーは菜《さい》食《しょく》主《しゅ》義《ぎ》の価《か》値《ち》にめざめ、多くの宗教《しゅうきょう》にもふれた。

ガンディーが生きた時代 1

1869年〜

帝国主義《ていこくしゅぎ》と植民地《しょくみんち》の時代

19世紀《せいき》、欧米諸国《おうべいしょこく》や日本は自国の利益《りえき》や経済発展《けいざいはってん》のため、アジアやアフリカへと領土《りょうど》を広げて支配《しはい》し植民地《しょくみんち》としました。これを帝国主義《ていこくしゅぎ》といいます。アフリカはほぼ全域《ぜんいき》が分割《ぶんかつ》され植民地《しょくみんち》となりました。現地《げんち》の住民《じゅうみん》はきびしい差別《さべつ》を受け、不公平《ふこうへい》な労働《ろうどう》や貧《まず》しい生活を強いられました。

南アジアでは、インドを拠点《きょてん》にアジアとの貿易《ぼうえき》をおこなうため、17世紀以来《せいきいらい》ヨーロッパ各国《かっこく》が東インド会社を設立《せつりつ》していました。中でも勢力《せいりょく》を広げたのがイギリスです。1857年、植民地《しょくみんち》化を進めていたイギリス東インド会社で、雇《やと》われていたインド人傭兵《ようへい》が反乱《はんらん》を起こします。この反乱《はんらん》は独立《どくりつ》を求《もと》める民衆《みんしゅう》によって全インドに広がりますが、やがて鎮圧《ちんあつ》され、300年あまりつづいたムガル帝国《ていこく》は滅亡《めつぼう》。これを機《き》にイギリスは東インド会社を廃止《はいし》し、1877年にイギリス領《りょう》インド帝国《ていこく》として直接統治《ちょくせつとうち》をはじめました。同じ時期に幼少期《ようしょうき》をすごしたガンディーは、イギリス式の学校に通い、弁護士《べんごし》となるためイギリスに留学《りゅうがく》します。

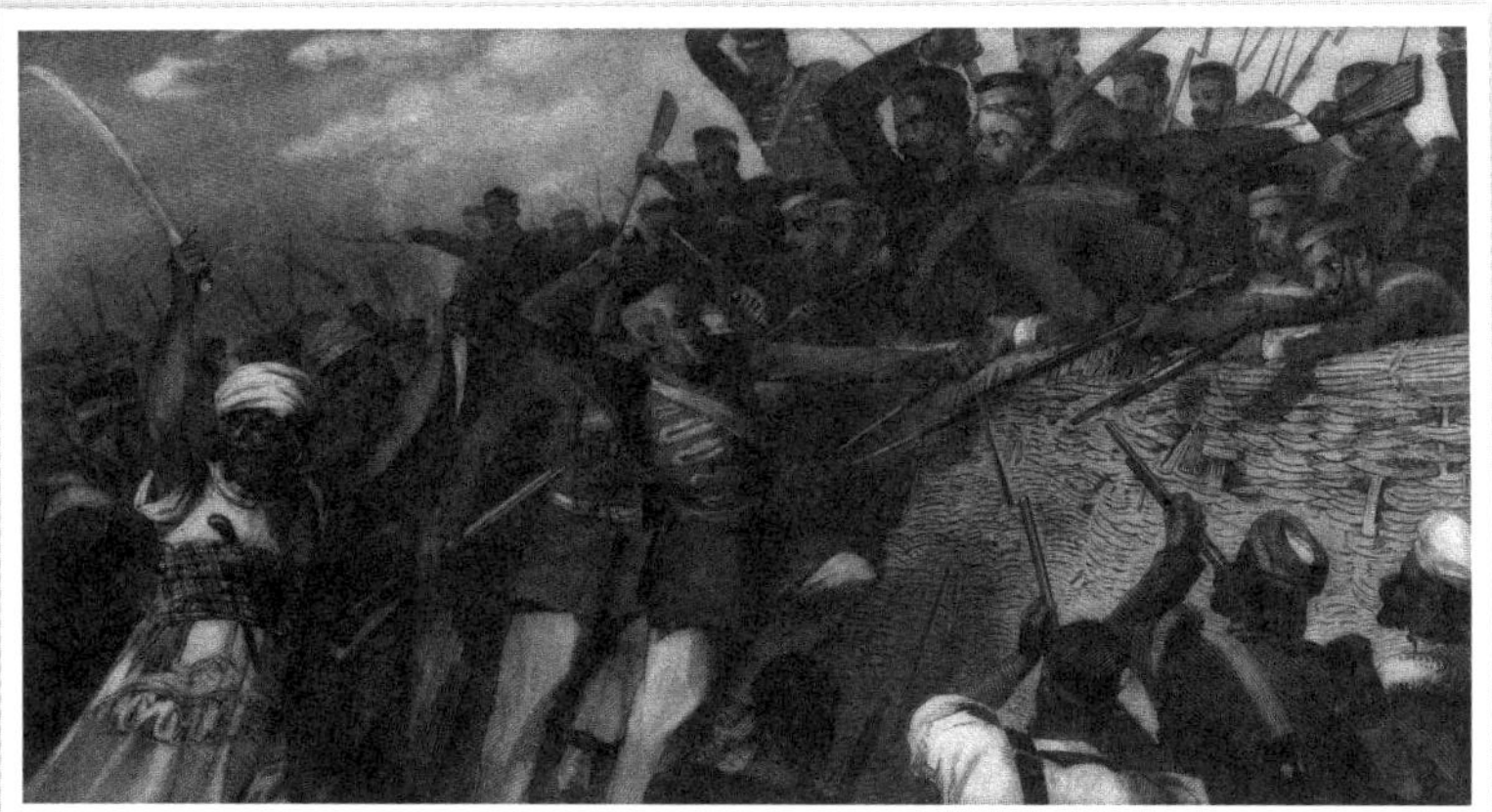

1857年のインド大反乱《だいはんらん》をえがいた絵画。インド人(左)とイギリス軍《ぐん》(右)。

ガンディーと文通をつづけた物理学者　1879-1955年

アルベルト・アインシュタイン

ドイツ生まれの理論《りろん》物理学者。現《げん》
代《だい》物理学の土台となった相対性理論《そうたいせいりろん》を提唱《ていしょう》し、1921年にノーベル物理《ぶつり》学賞《がくしょう》を受賞《じゅしょう》。ガンディーの思想に深く感銘《かんめい》を受け、長年手紙のやり取りをつづけました。ガンディーが亡《な》くなると、その偉業《いぎょう》をたたえ「後世の人々《ひとびと》は、この人が生きたという事実そのものが信《しん》じられないだろう」ということばをのこしました。

平和を願《ねが》ってガンディー伝《でん》を執筆《しっぴつ》　1866-1944年

ロマン・ロラン

フランスの作家、劇作家《げきさっか》で、人類《じんるい》の自由と平和を願《ねが》った思想家でもあります。ガンディーの思想に共鳴《きょうめい》し、ガンディーと同様にトルストイを崇《すう》
拝《はい》していました。1915年にノーベル文学賞《ぶんがくしょう》を受賞《じゅしょう》し、1923年には伝《でん》
記《き》『マハトマ・ガンディー』を書きました。1931年、ガンディーはイギリスでの会議《かいぎ》ののち、スイスのロラン邸《てい》に滞在《たいざい》しています。

ヒンドゥー至上主義《しじょうしゅぎ》の暗殺者《あんさつしゃ》

1910-1949年

ナトゥーラーム・ゴードセー

独学《どくがく》でガンディーの本を読んで共《きょう》感《かん》し、「塩《しお》の行進」の時期には市民不《しみんふ》服従《ふくじゅう》運動に参加《さんか》し刑務所《けいむしょ》に入れられたこともありました。しかし、ヒンドゥー教をインドの絶対的《ぜったいてき》な宗教《しゅうきょう》とする思いが強くなり、テロリストとしてとらえられたサーヴァルカルに師事《しじ》するようになります。1948 年 1 月 30 日にガンディーを暗殺《あんさつ》し、翌年《よくねん》死刑《しけい》となりました。

ガンディーと親交のあった文学者

1861-1941年

ラビンドラナート・タゴール

ガンディーの友人で協力者《きょうりょくしゃ》でもあったインド・ベンガルの詩人、作家、評論家《ひょうろんか》。1915 年に帰国したガンディーたちは、タゴールが拠点《きょてん》とした学園「シャンティニケタン」に一時滞在《たいざい》しました。インド古典《こてん》を学ぶとともにイギリス留学《りゅうがく》などをへて西欧《せいおう》文学にも親しみ、1913 年にアジア人として初《はつ》のノーベル文学賞《ぶんがくしょう》を受賞《じゅしょう》。インド国歌の作詞《さくし》・作曲もしました。

ガンディーの「杖《つえ》」となってささえた

アバ｜?–?
マヌー｜1927–1969年

アバとマヌー

アバはガンディーの甥《おい》の息子《むすこ》であるカヌーの妻《つま》、マヌーはガンディーの甥《おい》の娘です。妻《つま》カストゥルバの死後、2人はガンディーの「杖《つえ》」となって高齢《こうれい》の彼《かれ》をささえ、身の回りの世話をしました。宗教《しゅうきょう》対立がはげしさを増《ま》してくると、宗教《しゅうきょう》間の和解《わかい》のためガンディーらと行動をともにし、デリーで暗殺《あんさつ》される最期《さいご》のときまでつきそいました。

イスラム国家の独立《どくりつ》を主張《しゅちょう》

1876–1948年

ムハンマド・アリー・ジンナー

イスラム教徒《きょうと》を代表する全インド・ムスリム連盟《れんめい》の指導者《しどうしゃ》。イギリス帰りの法律家《ほうりつか》で、若《わか》いころはインド国民会議派《こくみんかいぎは》の有能《ゆうのう》な政治家《せいじか》として尊敬《そんけい》を集めました。ヒンドゥーとイスラムの連帯《れんたい》をめざして活躍《かつやく》しましたが、1920年に会議派《かいぎは》を脱退《だったい》します。やがてイスラム国家パキスタンの建国《けんこく》をうったえるようになり、1947年の分離独立《ぶんりどくりつ》後はパキスタンの総督《そうとく》となりました。

意志《いし》の強いガンディーの右腕《みぎうで》

1875-1950年

ヴァッラブバーイ・パテール

ガンディーの右腕《みぎうで》としてサッティヤーグラハ運動を戦《たたか》いました。グジャラートのバールドーリ地方で、地税値《ちぜいね》上《あ》げに反対する農民《のうみん》運動をひきいて、ガンディーから「サルダール(指導者《しどうしゃ》)」の尊称《そんしょう》で呼《よ》ばれました。インド国民会《こくみんかい》議派《ぎは》で議長《ぎちょう》をつとめて指導者《しどうしゃ》として活躍《かつやく》し、インド独立《どくりつ》後は副《ふく》首相となります。意志《いし》が強く「鉄の独裁者《どくさいしゃ》」などとあだ名されました。

自他ともにみとめるガンディーの弟子

1889-1964年

ジャワーハルラール・ネルー

ジャワーハルラールの父モーティラールは、ガンディーとともにインド国民会議派《こくみんかいぎは》で「ひとつのインド」をめざした政治家《せいじか》です。息子《むすこ》のジャワーハルラールもガンディーを父とあおぎ、独立《どくりつ》運動を戦《たたか》いました。1947 年の分《ぶん》離独立《りどくりつ》ではインドの初代《しょだい》首相となり、社会主義《しゃかいしゅぎ》国家を建設《けんせつ》。娘《むすめ》のインディラ・ガンディー(ガンディーと血縁《けつえん》はない)も後を継《つ》ぎ首相をつとめました。

ガンディーが師《し》とあおいだ会議派《かいぎは》の指導者《しどうしゃ》

1866-1915年

クリシュナ・ゴーカレー

南アフリカで活動していたガンディーを見込《みこ》んで、インドに呼《よ》びもどしたインド国民会議派《こくみんかいぎは》の指導者《しどうしゃ》。「きみはこの国にいなくてはならない」と会議派《かいぎは》への参加《さんか》をすすめ、以来《いらい》ガンディーは彼《かれ》を師《し》とあおぎました。その後、ふたたび南アフリカからインドへ帰国するときは「あせらずに国内の事《じ》情《じょう》をよく知るように」と助言し、ガンディーは見聞を広めました。

ガンディーが信頼《しんらい》した女性《じょせい》運動家

1879-1949年

サロージニー・ナーイドゥー

ガンディーの思想に共鳴《きょうめい》し、その後継者《こうけいしゃ》として1925年にインド国民《こくみん》会議派初《かいぎははつ》の女性議長《じょせいぎちょう》となります。1930年の「塩《しお》の行進」では、途中《とちゅう》でガンディーが投獄《とうごく》されたとき、彼《かれ》の代理人として行進をひきいました。民族《みんぞく》運動の指導者《しどうしゃ》として活躍《かつやく》し、インド独立《どくりつ》後は女性初《じょせいはつ》の州知事に。「インドのうぐいす」といわれた詩人、劇作家《げきさっか》でもあります。

ガンディーとともに歩んだ妻《つま》

1869-1944年

カストゥルバ

13歳同士《さいどうし》でガンディーと結婚《けっこん》しますが、子どもが生まれてもガンディーは単身《たんしん》、海外でくらします。南アフリカで家族いっしょのくらしがはじまったのは、カストゥルバの強い希望《きぼう》からでした。自分の意見をはっきり言える人で、ガンディーと運動をともにし、最後《さいご》は第二次世界大戦《たいせん》中に夫《おっと》とともに逮捕《たいほ》され、収監《しゅうかん》されている間に亡《な》くなりました。

不遇《ふぐう》な人生をたどった長男

1888-1948年

ハリラール

子ども時代、父がほとんど不在《ふざい》だった長男ハリラールが、南アフリカで父と合流したのは18歳《さい》のときでした。父を尊敬《そんけい》していましたが、留学《りゅうがく》や生きかたの問題で対立してインドへ。以来《いらい》、破滅的《はめつてき》な生きかたをつづけた末《すえ》に非業《ひごう》の死を遂《と》げました。ハリラールの下の3人の兄弟は、それぞれ父の志《こころざし》を継《つ》ぎ、指導者《しどうしゃ》の道を歩みました。

人望《じんぼう》のあつい父と、信心《しんじん》深い母

父 | 1822-1885年
母 | 1844-1891年

カラムチャンド／プトリバーイ

ガンディー家は代々《だいだい》、土地の王に仕えて行政《ぎょうせい》を仕切る仕事をしていて、父カラムチャンドもその職《しょく》についていました。寛大《かんだい》な性格《せいかく》で、めんどうな問題を手ぎわよく解決《かいけつ》し、人々《ひとびと》をひきいる能力《のうりょく》もありました。父は「子どもたちが自分の財産《ざいさん》だ」と考え、収入《しゅうにゅう》のすべてを慈善《じぜん》事業や子弟の教育などに使い、財産《ざいさん》をほとんどのこしませんでした。こういった性質《せいしつ》は、のちのガンディーにも引き継《つ》がれています。

母のプトリバーイは父より 20 歳《さい》以《い》上《じょう》若《わか》く、4 番目の妻《つま》としてむかえ入れられました。信仰《しんこう》にあつく、その清《きよ》らかな人格《じんかく》をガンディーは終生慕《した》っていました。

父亡《な》きあとガンディーの世話をした兄は、イギリス留学《りゅうがく》を応援《おうえん》し、のこされた妻子《さいし》の面倒《めんどう》を見るなど、ガンディーをささえました。

RELATIONSHIP CHART ✴ GANDHI

ガンディーと かかわった人々《ひとびと》

ダライ・ラマ14世

チベット仏教《ぶっきょう》の最高指導者《さいこうしどうしゃ》で、世界平和とチベット宗教《しゅうきょう》・文化への貢献《こうけん》により1989年ノーベル平和《へいわ》賞《しょう》を受賞《じゅしょう》しました。ガンディーのように困難《こんなん》な状況《じょうきょう》でも暴力《ぼうりょく》を使わないことは「強さ」であるとし、チベットの自治《じち》をみとめない中国共産党《きょうさんとう》に対し非暴力《ひぼうりょく》の姿勢《しせい》をつらぬいています。

キング牧師《ぼくし》

20世紀《せいき》半ばに黒人への差別撤廃《さべつてっぱい》と地位《ちい》向上をめざしたアメリカ公《こう》民権《みんけん》運動の指導者《しどうしゃ》。ガンディーの生きかたに感銘《かんめい》を受け、非暴力《ひぼうりょく》を手段《しゅだん》とする運動を進めました。全《ぜん》人類《じんるい》が尊重《そんちょう》し合い、ともに生きる社会を築《きず》くという夢《ゆめ》を説《と》き、1964年にノーベル平和賞《へいわしょう》を受賞《じゅしょう》。しかし、1968年に暗殺《あんさつ》されます。

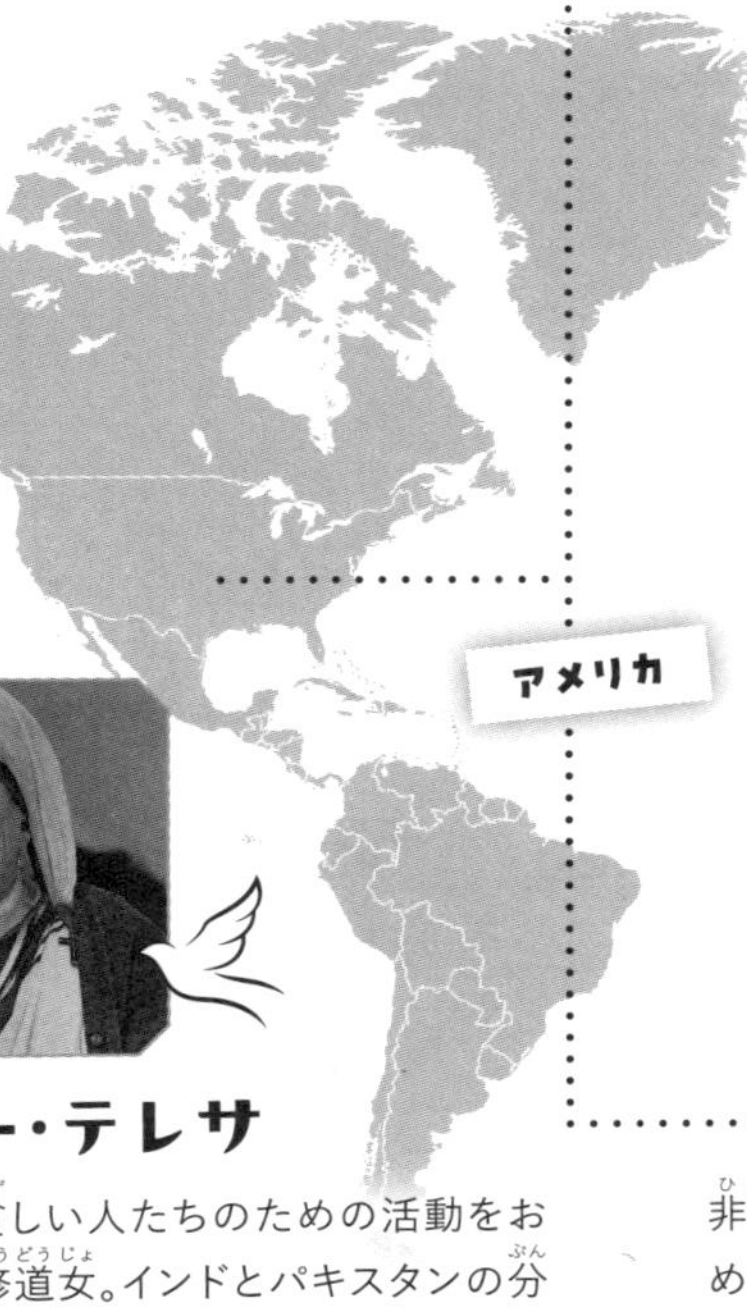

マザー・テレサ

インドで貧《まず》しい人たちのための活動をおこなった修道女《しゅうどうじょ》。インドとパキスタンの分《ぶん》離独立《りどくりつ》により難民《なんみん》がおしよせたコルカタで、行きだおれた人や身よりのない子どもたちのための施設《しせつ》を設立《せつりつ》。ガンディーと同じく宗教《しゅうきょう》や国籍《こくせき》に関係《かんけい》なく人々《ひとびと》につくし、1979年にノーベル平和賞《へいわしょう》を受賞《じゅしょう》しました。

バラク・オバマ

非暴力《ひぼうりょく》によって差別《さべつ》のない世界を求《もと》めたキング牧師《ぼくし》とガンディーを尊敬《そんけい》する第44代アメリカ合衆国大統領《がっしゅうこくだいとうりょう》。就任《しゅうにん》1年目の2009年4月にチェコのプラハでおこなった演説《えんぜつ》で、「核《かく》なき世界」を強くうったえたことなどが評価《ひょうか》され、同年ノーベル平和賞《へいわしょう》を受賞《じゅしょう》。

ガンディーの遺志《いし》を継《つ》いだ人々《ひとびと》

どんな人も差別《さべつ》されることのない平和な社会を求《もと》めて、
暴力《ぼうりょく》を使わず、不当《ふとう》な命令《めいれい》にもしたがわずに権力《けんりょく》と戦《たたか》ったガンディー。
ガンディーの遺志《いし》は世界中の人や運動に大きな影響《えいきょう》をあたえました。

マララ・ユスフザイ

パキスタン北部に生まれ、イスラム過激派《かげきは》の支配下《しはいか》で女性《じょせい》の人権《じんけん》と少女たちの教育がうばわれていることをブログで世界に発信《はっしん》。武装勢力《ぶそうせいりょく》の銃撃《じゅうげき》を受けるも一命をとりとめ、女性《じょせい》や子どもが学ぶことのできる平和な世界の実現《じつげん》をうったえつづけています。ガンディーを尊敬《そんけい》し、2014年に17歳《さい》でノーベル平和賞《へいわしょう》を受賞《じゅしょう》。

ネルソン・マンデラ

ガンディーの思いを継《つ》ぎ、南アフリカでアパルトヘイト（人種隔離政策《じんしゅかくりせいさく》）時代に黒人解放《かいほう》運動をひきいました。27年間も投獄《とうごく》されましたが、アパルトヘイトを平和的《へいわてき》に終わらせた功績《こうせき》で1993年ノーベル平和賞《へいわしょう》を受賞《じゅしょう》。1994年に初《はつ》のアフリカ系大統領《けいだいとうりょう》に選《えら》ばれました。

6 仲間《なかま》づくりをめざすリーダーを育てた

インドとパキスタンが分離独立《ぶんりどくりつ》するころ、宗教《しゅうきょう》対立による暴力《ぼうりょく》をいさめるガンディーの声はかき消されそうでした。しかし、市民《しみん》による民主的《みんしゅてき》な運動の多くが、ガンディーの思想をかかげています。アメリカのアフリカ系《けい》アメリカ人による公民権《こうみんけん》運動（人種差別《じんしゅさべつ》の撤廃《てっぱい》と公民権《こうみんけん》の適用《てきよう》を求《もと》めた運動）、南アフリカのアパルトヘイト（人種隔離政策《じんしゅかくりせいさく》）の撤廃《てっぱい》運動などは、その代表的《だいひょうてき》なものです（くわしくは97ページ）。ガンディーが実現《じつげん》しようとした、国や性別《せいべつ》、民族《みんぞく》、宗教《しゅうきょう》、肌《はだ》の色、そして貧富《ひんぷ》や教育の格差《かくさ》などのちがいをこえた非暴力《ひぼうりょく》の思想は、たがいに尊敬《そんけい》し合い、だれもが平等に参加《さんか》できるインクルーシブな社会をめざすリーダーたちに、今も受け継《つ》がれています。

5 世界を飛《と》びまわった

インドで生まれ、イギリスに留学《りゅうがく》し、仕事のために行った南アフリカでは21年もすごしたガンディー。世界を飛《と》びまわったグローバルな体験《たいけん》が、ガンディーを視野《しや》の広い人間にしたといえます。イギリス留学《りゅうがく》中は菜食主義者《さいしょくしゅぎしゃ》や宗教《しゅうきょう》者《しゃ》とも交流し、南アフリカではきびしい差別《さべつ》に直面しながらも、新しい友人や生涯《しょうがい》をささげる使命と出会いました。

また、ガンディーは大変《たいへん》な読書家でした。アメリカの思想家ソローからは「市民不服従《しみんふふくじゅう》」の思想を学び、ロシアの文豪《ぶんごう》トルストイの影響《えいきょう》を受けて南アフリカに共同《きょうどう》農場を建設《けんせつ》しました。作家のラビンドラナート・タゴールやロマン・ロラン、科学者アインシュタインなど、世界中の多くの人々《ひとびと》とも交流しました。

4 国民《こくみん》に新しい自尊心《じそんしん》をあたえた

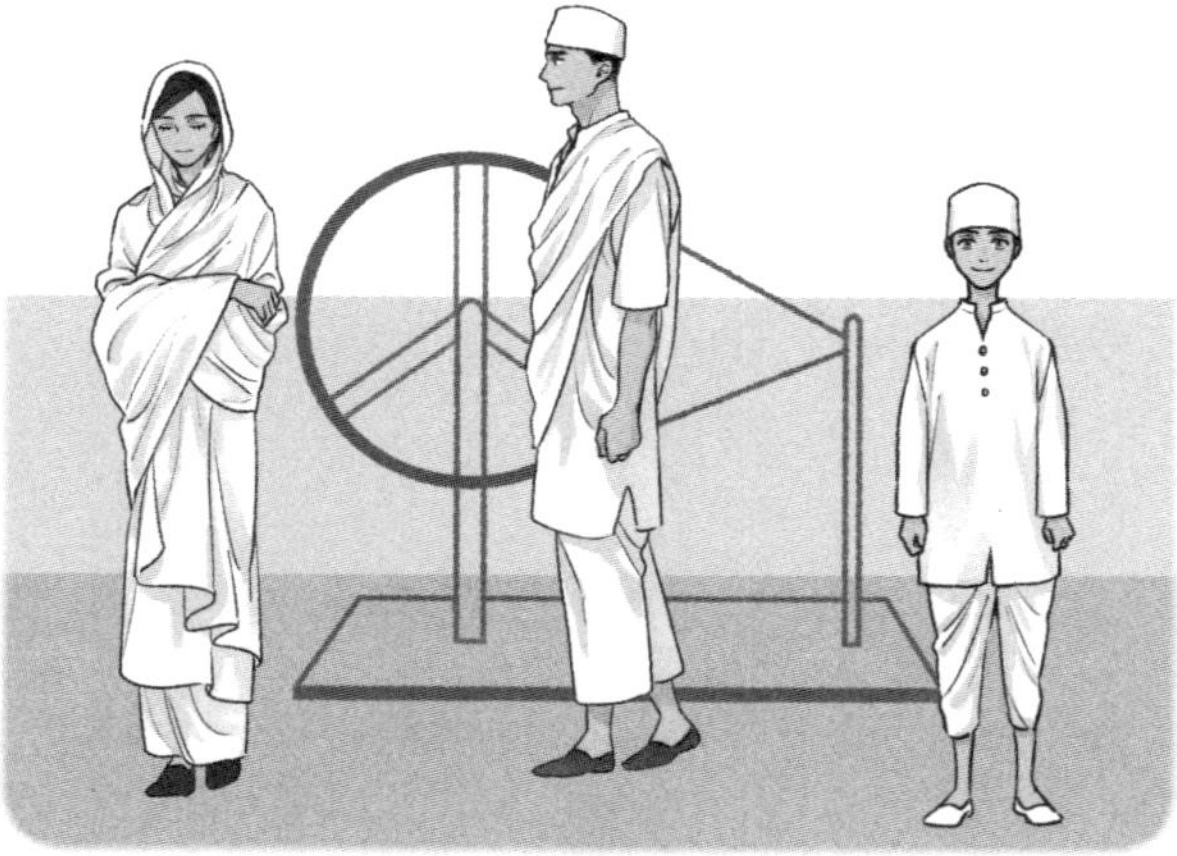

「スワデーシ（自国品愛用《あいよう》）」と「スワラージ（自治《じち》・独立《どくりつ》）」の運動としてガンディーが思いついたのが、チャルカという伝統的《でんとうてき》な道具で糸を紡《つむ》ぎ、白いカーディー（手《て》織綿布《おりめんぶ》）を作ることでした。

最初《さいしょ》は道具や材料《ざいりょう》の準備《じゅんび》に手間がかかり、手織綿布《ておりめんぶ》はなかなか生産《せいさん》が進みません。それでも、独立《どくりつ》をめざすなら、着るものから自立をめざそうとガンディーは呼《よ》びかけました。古くは女《じょ》性《せい》の仕事だったチャルカでの糸紡《いとつむ》ぎは、男女を問わず、またたく間に全国に広がります。運動に参加《さんか》する多くの人がカーディーを着るようになり、国民《こくみん》は自尊心《じそんしん》を得《え》ることができました。「チャルカこそが、真理と非暴力《ひぼうりょく》を体現《たいげん》する」とガンディーは考え、チャルカをえがいたインド国旗《こっき》も提案《ていあん》しました。

3

「偉大《いだい》なる魂《たましい》」と呼《よ》ばれた（24時間マハートマだった）

アーシュラムでは大勢《おおぜい》の人々《ひとびと》と共同《きょうどう》生活を送り、外に出れば民衆《みんしゅう》に取り囲《かこ》まれたガンディー。24時間、人々《ひとびと》の期待するガンディーとして生きた彼《かれ》は、「マハートマ（偉大《いだい》なる魂《たましい》）」と呼《よ》ばれるにふさわしい人物でした。古代インドから信仰《しんこう》されてきた仏教《ぶっきょう》やヒンドゥー教には、悪に対して暴力《ぼうりょく》を使わず、自己犠牲《じこぎせい》と博愛《はくあい》の精神《せいしん》で勝利《しょうり》しようという不殺生《ふせっしょう》（アヒンサー）の教えがあります。平和を重んじるキリスト教やイスラム教などにも、ガンディーは幼《おさな》いころからふれており、こうした考えかたが、非暴力《ひぼうりょく》のサッティヤーグラハに通じる思想となりました。また、人生や仕事で行き詰《づ》まると、ヨガという古代からの心身の修養法《しゅうようほう》も使い、みずからの内なる力を高めようとしました。

2 民衆《みんしゅう》を動かす人気の指導者《しどうしゃ》

ほかの政治家《せいじか》やエリートの人々《ひとびと》には思いもつかない、新しいアイデアをガンディーは次々《つぎつぎ》と生み出しました。偉業《いぎょう》の柱となった思想は、貧《まず》しく弱い立場の人々《ひとびと》が、暴力《ぼうりょく》を使わずに力を発揮《はっき》し、民衆《みんしゅう》にとっての正義《せいぎ》を実現《じつげん》するサッティヤーグラハ（非暴力《ひぼうりょく》の市民《しみん》不《ふ》服従《ふくじゅう》運動）です。イギリスの塩《えん》税法《ぜいほう》に対抗《たいこう》した「塩《しお》の行進」は、その代表です。約《やく》400kmはなれた海辺《うみべ》をめざす旅路には多くの人が加《くわ》わり、ガンディーひきいる巡礼《じゅんれい》の旅のようになりました。海辺《うみべ》にたどり着いたガンディーが塩《しお》をかかげる感動的《かんどうてき》な写真は世界中に報道《ほうどう》され、運動は全国に広がっていきました。塩《しお》という庶民《しょみん》のくらしに注目した企画力《きかくりょく》と、それを効果的《こうかてき》に実践《じっせん》する行動力が、民衆《みんしゅう》の心を動かしたのです。

OH! AMAZING! ✷ GANDHI

ここがすごい！
ガンディー

1 マルチタレントの持ち主

ガンディーは、短期間で仲間《なかま》や資金《しきん》を集めてチームをつくる天才的《てんさいてき》なリーダーでした。それだけでなく、多くの農民《のうみん》や労働者《ろうどうしゃ》を苦しみから救《すく》い、精神的《せいしんてき》にささえました。弁《べん》護士《ごし》であり、新聞の記事や本を書き、アーシュラム（道場）を建設《けんせつ》し、学校を作って教師《きょうし》もつとめます。新聞でも学校でも、複数《ふくすう》の言語が必要《ひつよう》でしたが、勤勉《きんべん》なガンディーはそれにも対応《たいおう》しました。宗教《しゅうきょう》対立がはげしくなると、各地《かくち》をめぐって人々《ひとびと》の救済《きゅうさい》につとめます。現在《げんざい》なら、国連《こくれん》機関《きかん》や難民《なんみん》を支援《しえん》するNGOなどがおこなう活動です。寝《ね》る間もおしんではたらいたガンディーは、まさにマルチタレントの持ち主でした。

Q10
答え
1

ガンディーがはじめた運動の名前を『インディアン・オピニオン』で募集《ぼしゅう》したところ、「真理(サダ)」を「把持《はじ》する(アーグラハ)」という意味で「サダーグラハ」が選《えら》ばれます。ガンディーはこれを少しアレンジし、「真理と非暴力《ひぼうりょく》より生まれる力」という意味をこめて「サッティヤーグラハ」と名づけました。

Q11
答え
2

トルストイは『戦争《せんそう》と平和』などを著《あらわ》したロシアの文《ぶん》豪《ごう》で思想家。ガンディーは彼《かれ》の著書《ちょしょ》から、不当《ふとう》な権《けん》力《りょく》に抵抗《ていこう》するときも暴力《ぼうりょく》を使わない思想を学び、現状《げんじょう》を切りひらくかぎとしました。のちに、トルストイはみずからの生涯《しょうがい》に大きな影響《えいきょう》をあたえた現代《げんだい》人《じん》の1人だと語っています。

Q12
答え
3

チャルカを回して紡《つむ》いだ糸で作る100%国産《こくさん》の衣《い》装《しょう》カーディーは全国に流行しました。カーディー作りは多くの人々《ひとびと》に仕事をあたえ、サッティヤーグラハの集会は白い服の人々《ひとびと》でうめつくされました。また、白い帽子《ぼうし》は「ガンディー帽《ぼう》」と呼《よ》ばれ、団結《だんけつ》の象徴《しょうちょう》となりました。

Q13
答え
3

ガンディーはしばしば、心身を清《きよ》め、みずからの思想を伝《つた》えるために断食《だんじき》をしました。インドとパキスタンの分離独立《ぶんりどくりつ》後にも、対立がつづくヒンドゥー教徒《きょうと》とイスラム教徒《きょうと》の和解《わかい》を求《もと》めて断食《だんじき》をおこないました。衰弱《すいじゃく》していくガンディーを見て、両方の指導者《しどうしゃ》は争《あらそ》いをやめる誓約書《せいやくしょ》を提出《ていしゅつ》しました。

Q14
答え
1

インドには年間に3日しか国民《こくみん》の祝日《しゅくじつ》がありません。そのうちのひとつが、ガンディーの生誕《せいたん》を祝《いわ》う記念日《きねんび》です。2019年は生誕《せいたん》150周年《しゅうねん》にあたり、大々的《だいだいてき》なイベントがおこなわれました。2007年からは国連《こくれん》の「国際非暴力《こくさいひぼうりょく》デー」にもなっています。

Q5
答え
1

13歳《さい》のとき、同い年のカストゥルバと結婚《けっこん》しました。ガンディーは家族をおいて長年海外でくらし、いっしょになると今度はほかの家族との共同《きょうどう》生活をはじめました。カストゥルバには苦労《くろう》がたえませんでしたが、とても強くかしこい女性《じょせい》で、75歳《さい》で亡《な》くなるまでガンディーとささえ合いました。

Q6
答え
2

弁護士《べんごし》になるという目的《もくてき》と同時に、文明の中心であるイギリスを見たいという気持ちから留学《りゅうがく》しました。弁護士《べんごし》となり、インドにもどった当初《とうしょ》は緊張《きんちょう》のあまり話ができず、仕事はうまくいきませんでした。しかし南アフリカでは「ここでわたしは真の法《ほう》の実《じっ》践《せん》を学んだ」と弁護士《べんごし》としての力を発揮《はっき》しました。

Q7
答え
1

菜食主義《さいしょくしゅぎ》の食堂《しょくどう》がなかなか見つからず、ようやく探《さが》し当てた店で、イギリスに来てはじめて満腹《まんぷく》になるまで食事ができました。この食堂《しょくどう》で菜食主義《さいしょくしゅぎ》者《しゃ》たちと交流を深め、菜食主義協会《さいしょくしゅぎきょうかい》に加《くわ》わり、新聞発行も手伝《てつだ》います。この経験《けいけん》は、組織《そしき》を作り運《うん》営《えい》する基礎訓練《きそくんれん》となりました。

Q8
答え
3

1893年から1914年まで約《やく》21年滞在《たいざい》します。ここで人種差別《じんしゅさべつ》に直面し、差別撤廃《さべつてっぱい》運動を展開《てんかい》したガンディーは、南アフリカを去るときに「人生経験《けいけん》の楽しさ、つらさを十分に味わい」「生涯《しょうがい》の使命に気づいたところであった」とふり返っています。

Q9
答え
2

新聞の力を信《しん》じたガンディーは、世論《よろん》で政府《せいふ》を動かそうと週刊《しゅうかん》新聞『インディアン・オピニオン』を発行。英語《えいご》やヒンディー語など4言語に対応《たいおう》し、サッティヤーグラハの原理や実践《じっせん》についても論説《ろんせつ》しました。この新聞がなかったら「サッティヤーグラハはおそらく不可能《ふかのう》であったろう」とも言っています。

クイズでわかる！ ガンディー

答えと解説《かいせつ》

Q1 答え 2

「マハートマ」の尊称《そんしょう》を最初《さいしょ》にガンディーにつけたのは作家のタゴールで、民衆《みんしゅう》も尊敬《そんけい》の気持ちをこめてそう呼《よ》びました。しかし、ガンディーは「マハートマ」と呼《よ》ばれるのをいやがり、お父さんやおじいさんへの親愛《しんあい》をこめた尊称《そんしょう》「バプー」や、ごく一般《いっぱん》的《てき》な尊称《そんしょう》「ジ」で呼《よ》ばれるのを好《この》みました。

Q2 答え 3

ガンディー家は「ヴァイシャ」という商人カーストで、グジャラート地方では力のあるカーストでした。カーストの外には「不可触民《ふかしょくみん》」と呼《よ》ばれた差別《さべつ》階級もあり、ガンディーは差別《さべつ》の撤廃《てっぱい》をうったえつづけました。現在《げんざい》カースト制度《せいど》は憲法《けんぽう》で撤廃《てっぱい》されていますが、差別《さべつ》は根強くのこっています。

Q3 答え 2

幽霊《ゆうれい》をこわがるガンディーに、子守の女性《じょせい》は「ラーマ様」ととなえるといいと教えました。「ラーマ」とは古代インドの神話『ラーマーヤナ』の主人公ラーマ王子で、ヴィシュヌ神の生まれ変《か》わりです。ガンディーの最期《さいご》のことばも「ヘー、ラーマ」でした。

Q4 答え 1

『ハリシチャンドラ』は『ラーマーヤナ』にちなんだ物語です。少年ガンディーは、神の試練《しれん》を乗りこえる主人公に感動し、真実にしたがって、ハリシチャンドラの試練《しれん》を自分もたえぬきたいと考えました。そんな理想の人物を、何度も演《えん》じてみたといいます。

Q12

ガンディーがインドの人々《ひとびと》に広めたものは?

1. 菜食主義《さいしょくしゅぎ》
2. 仏教《ぶっきょう》
3. チャルカとカーディー

Q13

宗教暴動《しゅうきょうぼうどう》をおさめるため、ガンディーが自分1人でもおこなったことは?

1. デモ行進
2. 座《すわ》りこみ
3. 断食《だんじき》

Q14

ガンディーにちなみ、インドの国民《こくみん》の祝日《しゅくじつ》になっているのはどの日?

1. 10月2日（ガンディーの誕生日《たんじょうび》）
2. 1月30日（ガンディーが亡《な》くなった日）
3. 3月12日（「塩《しお》の行進」の出発日）

Q 9

南アフリカでインド人移《い》民《みん》の声を広めるためにおこなったことは?

1. 公共《こうきょう》の場の清掃《せいそう》
2. 新聞の発行
3. ラジオの放送

Q 10

ガンディーがつくった「サッティヤーグラハ」ということばの意味は?

1. 真理と非暴力《ひぼうりょく》より生まれる力
2. 完全独立《かんぜんどくりつ》
3. 自国品愛用《あいよう》

Q 11

ガンディーが影響《えいきょう》を受け、共同《きょうどう》農場の名前にしたのはだれ?

1. ロマン・ロラン
2. トルストイ
3. アインシュタイン

Q6

ガンディーがイギリスに留学《りゅうがく》した目的《もくてき》は？

1. 英語《えいご》をマスターするため

2. 弁護士《べんごし》になるため

3. 宗教《しゅうきょう》を学ぶため

Q7

イギリスに留学《りゅうがく》したガンディーが一番こまったことは？

1. 菜食主義《さいしょくしゅぎ》の食堂《しょくどう》が見つからなかった

2. イギリスの気候《きこう》が合わなかった

3. 英語《えいご》がしゃべれなかった

Q8

ガンディーが南アフリカに滞在《たいざい》したのは何年？

1. 1年

2. 15年

3. 21年

Q3

幼《おさな》いころのガンディーがこわがったものは?

1. 死
2. 幽霊《ゆうれい》
3. 戦争《せんそう》

Q4

幼《おさな》いころのガンディーが夢中《むちゅう》になった物語は?

1. 『ハリシチャンドラ』
2. 『バガヴァッド・ギーター』
3. 『マハーバーラタ』

Q5

ガンディーが結婚《けっこん》したのは何歳《なんさい》のとき?

1. 13 歳《さい》
2. 18 歳《さい》
3. 25 歳《さい》

Q AND A ✴ GANDHI

クイズでわかる！
ガンディー

Q 1

ガンディーの尊称《そんしょう》「マハートマ」とはどういう意味？

1. 国の父

2. 偉大《いだい》なる魂《たましい》

3. 神の子

Q 2

ガンディー家が所属《しょぞく》していたカーストは？

1. 僧侶《そうりょ》カースト

2. 騎士《きし》カースト

3. 商人カースト

ガンディーのことばと人生

資料編《しりょうへん》

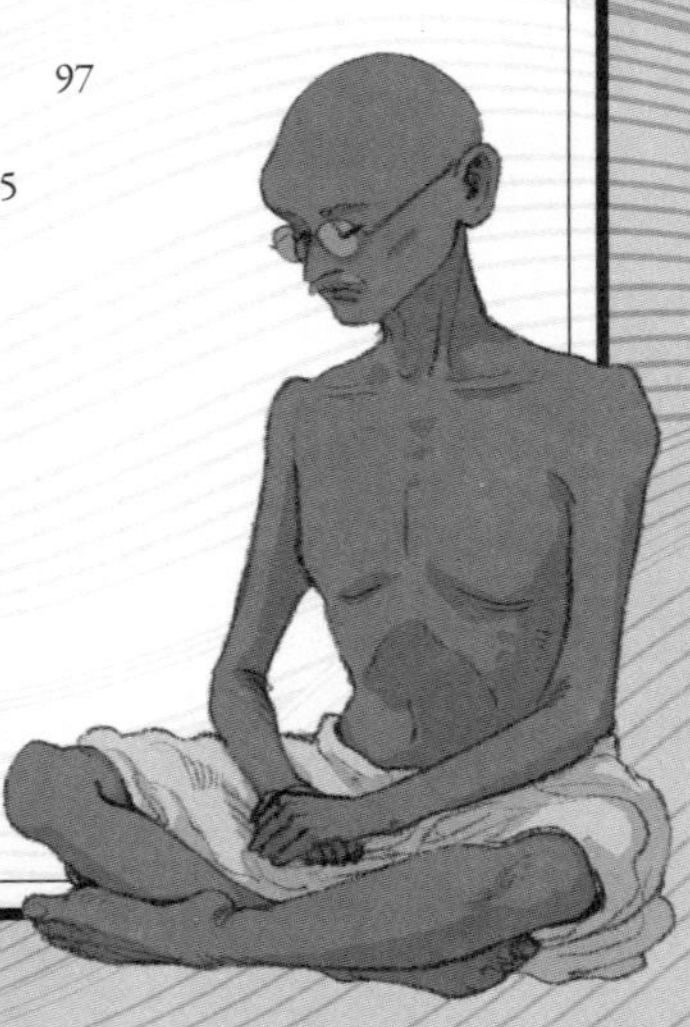

監修　竹中千春 Chiharu Takenaka

1957年東京生まれ。東京大学で国際政治学を学び、デリー大学への留学を経て明治学院大学国際学部教授、立教大学法学部教授などを歴任。専門は国際政治・南アジア政治・ジェンダー研究。著書に『ガンディー 平和を紡ぐ人』(岩波書店)、『世界はなぜ仲良くできないの? 暴力の連鎖を解くために』(CCCメディアハウス)など。

編集	株式会社アルバ
装画・挿画	たけもとあかる
イラスト	青井秋
文	永山多恵子
校正	ペーパーハウス
写真協力(掲載順)	アフロ、Adobe Stock、Shutterstock、三省堂、岩波書店、朝日新聞出版、中央公論新社、第三文明社、河出書房新社、太田出版、昭文社

心を強くする!　ビジュアル伝記12

ガンディーのことばと人生

2025年4月　第1刷

発行者	加藤裕樹
編集	柾屋洋子
発行所	株式会社ポプラ社 〒141-8210 東京都品川区西五反田3-5-8 JR目黒MARCビル12階 ホームページ www.poplar.co.jp
印刷・製本	中央精版印刷株式会社
装丁・本文デザイン	bookwall

ISBN978-4-591-18501-8 N.D.C.289／112p／19cm Printed in Japan

P7234012